三浦直子
Naoko Miura

「ずぼら」ママでも、結局すべてうまくいく！

Clover
クローバー出版

はじめに

仕事と子育ての両立って本当に大変ですよね。いや、主婦業だけでも十分に大変。世の中に本当にラクをしている主婦なんて、そうそういないんじゃないかと思います。

「主婦」というと、お気楽なイメージがあるかもしれません。私も正直言って独身の頃はそう思っていましたが、いざ自分がやってみるととんでもない勘違いをしていたことに気づきました。

主婦業というのはなんと仕事の多いこと。

炊事、洗濯、掃除の他にも、「ペットボトルのラベルをはがして捨てる」とか「エアコンの修理を頼む」とか「家の消耗品を補充する」とか、名前のない家事まで含めたら、やることは無限にあります。

そして何より重労働の子育て。

出産した直後、いきなり目の前に現れた赤ちゃんをどう扱っていいか分からなくて、看護師さんに「すみません、泣いてるんですけどどうしたらいいですか？」と質問してあきれられてしまった私は、本当に子育ての要領が分からず、育児書やインターネットの情報を読み漁って参考にしたものです。ちまたにあふれている情報をうのみにしては、「どうして私にはこんなことができないのだろう」と自分を責めたりもしました。


周りの人たちはみんなうまくやっているように見えて、自分だけがダメ主婦のように思えたこともありました。でも、きっと私と同じように、日常の家事にウンザリしたり、主婦独特のつきあいになじめなくて生きづらさを感じている人も多いはず。そんな人たちのためにこの本を書きました。

この本には、主婦業と子育てに奮闘するなかで、私がトライ＆エラーを繰り返して身につけた**「気持ちをラクにする術」**が書いてあります。

世の中の情報に振り回されてさんざん悩んだり、頑張りすぎてボロボロになりながら悟ったことは、「ずぼらになるって大事」ということ。世の中には「気にするだけソンなこと」がなんと多いことか。

気にしても気にしなくても実はそれほど変わらないのになぜか気にしてしまう。ずぼらになって細かいことを気にしないことこそ、主婦業、ひいては人生を楽しむコツなのではないだろうか！　ということに気づいたわけです。

子育ても9年目を迎えた今となっては、ずぼらになる力、すなわち**「ずぼら力」**を身につけて、だいぶ楽になりました。

世の中の主婦の方々が、この本を読んで少しでもラクな気持ちになってくれたら幸いです。そしてぜひとも、世の中の旦那様たちにも主婦の苦労を知ってもらいたい！　そう願っています。

もくじ

1章 ずぼら力ってなに？

2章 【子育て編】子育ては「ずぼら」な方がうまくいく！

3章【人間関係編】人に疲れない「ずぼら力」の魔法！

4章【仕事編】ずぼら力で家事のハードルを下げて両立！

5章【家事編】ずぼら料理のつもりが、子供が大喜び！

6章 もっとずぼらに！ ずぼら力を鍛えよう

1章

ずぼら力ってなに?

第1章　ずぼら力ってなに？

ずぼら力とは何か？

働くお母さんは大変です。仕事では職場に気を遣い、家に帰れば家事に子育てにやること盛りだくさん。ひとつひとつに全力投球していたら身が持ちません。

そこで問われるのが「ずぼら力」。

すべてを完ぺきにやろうとせずに、どうしても気を遣わなければいけないところには遣い、手を抜けるところは極力手を抜く。**ずぼら力とは「よけいなこ**

とを気にせず楽しく生きる力」。「ずぼら」はもはや恥ずべきことではなく、楽しく生きていくためのサバイバルスキルと言ってもいいでしょう。

私はフリーランスの翻訳者という仕事をしています。

フリーランスというと「家で子供の面倒を見ながら仕事ができていいね」と言われますがとんでもない！　日々、納期に追われ、髪を振り乱して仕事をしています。

納品前なんて家の中は「泥棒が入ったのか」というぐらい散らかってることもあるし、食事の支度をするヒマもないので食卓に並ぶのはご飯にマグロを乗せただけのマグロ丼とか、それすらも用意する余裕がない時はレトルトカレーにビタミンが足りないからトマトのざく切り、なんていうメニューになります。

仕事に関しては割となんでもきっちりやるのですが、仕事でいろいろ気を遣う分、よけいなことで気を遣いたくないんですね。できればかける労力は最小限にしたい。

子育てについても、今の時代は本やインターネットでいろんな情報が入ってきますが、それらの情報に翻弄されて「あれもやらなくちゃ、これもやらなくちゃ」なんてやっているとヘトヘトに疲れてしまいます。

多くの人がそうだと思いますが、特に初めて子育てをする時には右も左も分からないので育児書を買ったり、ネットで情報を集めたりしますよね。そうすると、赤ちゃん時代の**「母乳で育てるのがいい」**から始まり、**「3歳までは子供のそばにいてあげるのがいい」**やら、挙句の果てには**「保育園に入れるのはかわいそう」**なんて意見までさまざまな意見が目に入ります。

私も最初の頃は育児書のとおりに頑張ってやろうとしていましたが、次第に生来のずぼらな性格ゆえ、**「なんとか最低限の労力でできる方法はないものか」**といろいろなことを省略するようになりました。

それでもなんとかなるものなんですよね。

そういえば息子が離乳食をなかなか食べてくれなくて悩んでいた時、「赤ちゃん用の白いふわふわのおせんべいしか食べない…」と、子育ての先輩である友達に相談すると、「おせんべい食べてればちゃんと育つから大丈夫！」と言われてものすごく気がラクになりました。

その言葉を聞いてからというもの、離乳食を食べてくれなければ**「まあ、おせんべいでいいか～」**と気楽に構えていたところ、いつの間にかちゃんと食べるようになったし、小学生になった今ではちゃんとがっしりした体型に育っていて、**「友達の言ったことは本当だったな。悩んで損した」**とつくづく感じたものです。

数々の試行錯誤を繰り返す中、分かったことは、

「いろいろ頑張ることを放棄してもけっこうなんとかなるものだし、逆に放棄した方が気分がラクになれる」

ということです。世の中のお母さんたちに、

「もっとずぼらになればラクになれますよ！」

と声を大にして言いたい。私も以前は「仕事も子育てもあれもこれもやらなければ！」といっぱいいっぱいになっていましたが、そのうち**「うん、こりゃ無理だ」**とあきらめました。気持ちに余裕がないと**「私ひとりがタイヘンな思いをしてる！」**なんて思いがちですが、落ち着いてよく周りを見てみると、家族やママ友など助けてくれそうな人たちがいるものです。それで、

「待てよ、一人で抱え込まないで周りの人にお願いしてもいいのかも」

とふと気づきました。

それ以来、仕事が忙しい時などは自分の親に子供の面倒を見てもらったり、家事を夫に頼んだり、子供関係のことはママ友を頼ったり、周りに頼れる時は頼ることにしました。

するとみんな自分よりも上手にやってくれたりするんですよね。忙しい時に子供の世話を母親にお願いすればしっかりお世話してくれるし、役員仕事でどうしてもニガテな会計をママ友にお願いしてみたら数字に弱い私には絶対に不可能なほどきっちりやってくれたり、夕飯の支度を夫にお願いしてみたらものすごくおいしい料理が出てきたり。

「なんでもっと早く頼まなかったんだろう！」

と思うこともしばしば。

今まで「迷惑をかけちゃいけない」と思って、なかなか人に頼みごとをできないでいたのですが、思い切って頼ってみると意外と快く引き受けてくれたりするし、周りの人にはリスペクトと感謝しかありません。「そうやって周りの人に甘えていてばかりでいいのか？」というギモンについてはのちほどあらためてお話ししますね。

「頼みごとをするとイヤな顔をされるんじゃないか」と思っていたということは、周りの人たちのことを、そんな心の狭い人だと思って信じていなかったということですよね。**ずぼらになるということは周りの人を信じて感謝すること**でもあるのです。

ズ ママ雑誌の世界はファンタジー

昔はバリキャリ向けのオシャレ雑誌だったのが、模様替えして働くママ向け雑誌になっているものも多いですね。そういった雑誌を読んでいると、キラキラしたママの存在がまぶしく思える時があります。紙面の中では**「育児も仕事も充実！」**とばかりにオシャレなママたちがにこやかにほほ笑んでいます。

ステキママのキャラ弁やら、オシャレな器に盛られたおかずが何品も並ぶ夕食のメニューが紹介されていたり。それにひきかえ我が家の、

「カレー、サラダ、以上！」

みたいなメニューを見ると、自分がダメ主婦であるかのような、ものすごい劣等感に襲われたりします。

雑誌の中で、「今日の息子のお弁当」なんて言って、伝統工芸品みたいなきれいな曲げわっぱのお弁当箱に、チキンの香草焼きに彩り豊かな野菜が添えられているのを見て、

「朝からこんなの作れるか！」

と思わずキレそうになりました。なにしろ我が家のお弁当は基本的におかずは夕飯の残り。しかし気を抜くとお弁当箱の中が真っ茶色になってしまうので、

きゅうりを切って緑、
プチトマトを放り込んで赤を投入。

あとはお弁当箱の色を黄色とかハデな色にして彩りのひとつにしています。

息子が保育園の頃はキャラ弁がものすごく流行っていました。

テレビや雑誌でも、作り方や**キャラ弁のカリスマ**などが紹介されていました。海苔を細かく切ってご飯にキャラクターの絵を描いたり、食紅を足してご飯に色をつけたりと、**もうお弁当というよりは図工の作品**みたいになっているお弁当を見て、**「それっておいしいのか？」**というギモンが湧くこともしばしば。

我が家の「ずぼらキャラ弁」は、中に入れる仕切りや、おにぎりの包みをキャラクターの絵が入ったものにしたり、ウインナーにキャラクターの絵の描いてあるのを買ってきて詰めて**「キャラ弁！」**と認定していました。それでもけっこう子供って喜ぶんですよね。


そういえば先日、雑誌に「アクティブママの1週間のコーディネート」という特集が組まれていて、それを読んで仰天しました。「今日は子供の運動会の応援」というページに載っていた**コートのお値段がなんと7万円！**　そのことを「これはいかがなものか？」とSNSでつぶやいてみたところ、「そんな人見たことない」と数多くの共感を得られ、「雑誌はファンタジーの世界だ」という結論に達しました。

そう、雑誌はファンタジーなんです！

あそこは夢の国。現実の世界に疲れた時にふと眺めて「ああ、まぶしい…」と非日常感を楽しむもの。ハリー・ポッターと比べて「どうして私には魔法が使えないんだろう」と落ち込む人がいないように、比べて落ち込む必要なんてまったくありません。堂々とずぼら道を突き進みましょう！

ズ ワーキングママの生活はサバイバル

独身の時は、「幼稚園や保育園ママたちは、昼間にママ友と優雅にお茶会とかしてるんだろうなあ～」というイメージがありました。でも、実際に自分が働く母になってみると、

「そんなヒマはねえ！」

ただでさえ、育児の合間を縫って納期に遅れないように仕事をするのが精いっぱい。そのうえ子供が小さいと急に熱を出したり、夜中にぐずりだしたりというアクシデントが多発するので計画どおりに進まないし、いつも納期に間に合うかどうか綱渡り状態でした。

フリーランスという言葉の響きから、なんだか自由なイメージがありますが、

私生活と仕事の場が同じ分、むしろ不自由なんじゃないかと思うこともあったりします。

私の息子が保育園だった頃の1日のスケジュールを披露しましょう。

まず朝起きて、朝食の支度、夫を送りだし、「保育園行きたくない〜」という息子をなだめつつ準備をさせます。8時半ぐらいに保育園に送り、家に帰ってきて洗濯や朝食の片づけ。仕事が切羽詰まっている時は洗濯もせず、お皿もほったらかしでそのまま仕事に突入。12時ぐらいまで仕事をしたら、録画しておいた昼ドラを見ながら15分でお昼ごはんを済ませます。

そしてそのあとはお迎えの5時半まで（仕事が切羽詰まっていたら6時半ぐらいまで）ひたすら仕事。子供をお迎えに行って、帰ってきて夕食の準備。まとわりついてくる子供の相手をしながら支度をし、夕飯を済ませたら子供をお風呂に入れて寝かしつけ。ここで子供と一緒に9時ぐらいに寝て、12時ぐらいに起きてそこから仕事。3時ぐらいまでやって就寝。子供が保育園の頃はだいたいこのスケジュールでした。

お茶するヒマなんて1ミリもありません。

まあ、それでも時間をひねり出そうと思えば昼間にお茶して、その分徹夜…という手もありますが、ちょっとそこまでする気力もないので、ついおっくうになって、保育園時代にママ友とお茶したことなんてたぶん数えるほどしかなかったような…。

でも、それが寂しいかといえば答えは**「全然」**。お迎えに行った時や、行事なんかで他のお母さんたちとちょっと世間話するぐらいで十分満足だったたし、それでいろんな情報は聞けるので、特に何の不便もありませんでした。

SNSとかで**「ママ友と子供たちで誕生日会」**とか**「ハロウィンパーティー」**とか見ているると、0・1秒くらい「ちょっとうらやましいな」と思うこともありますが、なんだかもうそういうのはあきらめていました。でも濃いつきあいがない分、トラブルもなく、たまにママさんたちに会うとすごく楽しくて良い思い出しか残っていないので、これはこれで良かったと思います。

フリーランスのメリットは、まあ、一応、家にはいるので、仕事の合間に気分転換に家事ができることですかね。会社で働いているお母さんたちは朝から晩まで拘束されるわけで、家事や子供関係のことをするのは家に帰ってからとか休日しかないので、**本当に時間のやりくりが大変だと思います**。

働くお母さんの体験談で、「一番働きやすいのは保育園時代だった」という話をよく聞きます。私も子供が小学校に入る前は、「子供もだんだん成長してくるし、なんだかんだ言って子育てはラクになるんだろう」と思っていました。しかし、実際に子供が小学生になってみると

とんでもない！

授業参観に懇談会に給食試食会など、何かと親が学校に行く機会は多いし、PTAの役員にスポーツ少年団の役員、子供会の役員など**「子供一人につき1回やらなければならない役目」が盛りだくさん**。

これは盲点でした。うちは一人っ子なのでまだ1回こなせばノルマは達成ですが、子供が3人いるお母さんは3回やらなきゃいけないのか…と思うと複数の子供を持つお母さんたちを心の底から尊敬します。

世の中のお父さんたちは会社の人間関係に集中していればいいでしょうが、お母さんたちは会社の人間関係の他に保育園または幼稚園、ご近所づきあい、学校のPTAなどなど、さまざまな場所でいろいろな役割をこなさなくてはいけません。

会社では仕事というバックグラウンドが同じなので、わけのわからない人と突然一緒に何かをやらなくてはならない状況はそうないと思います。しかしママ社会では、同じ学校、地域が同じという共通項のみを持つお母さん同士が、

いきなり一緒に役員をやったり、お当番をしたりしなくてはいけないわけです。

そこでは黙々と仕事に没頭するわけではなく、**「社交」というのは不可欠**で、そつなく会話をしながら仕事を進めなければなりません。しかも、雰囲気をなごませつつ、個人的なことには深入りせず、なおかつ感じよく盛り上がれる話題を選ぶことを求められます。

だいたい子供や学校の話題が中心になりますが、その話題にしても、**自分の子供の話ばかりしてはいけない、相手の子供をほどよく立てる、成績の話に触れてはいけない**など暗黙の細かい制約があります。ママ社会を生きぬいていく

にはなかなかハイレベルなコミュニケーション・スキルが求められるのです。
ほんと、ママ社会って大変…。

ズ ずぼら力でラクになる

少し前に、絵本作家ののぶみさんが作詞した「あたしおかあさんだから」という歌に批判が殺到したことがありました。どんな歌かというと、ざっくり言えば**「昔は好きなようにいろいろやってたけど、母親になったらこんなんなりました～」**って歌なんですが、これが「子育てを最優先にする献身的なお母さん像を押し付けている」と批判されたようです。

歌詞の一部はこんな感じです。

あたし　おかあさんだから
眠いまま朝5時に起きるの
あたし　おかあさんだから
大好きなおかずあげるの
あたし　おかあさんだから

新幹線の名前覚えるの
あたし　おかあさんだから
あたしよりあなたの事ばかり

（JASRAC出1814924―801）

私はこの歌詞を見て正直、「どこに批判する要素があるの？」と思いました。「うんうん、主婦あるあるだよね～」という感じ。子供のために朝5時に起きるなんて必要なら起きなきゃいけないのは当たり前だし、特に子供が小さい頃は好きなおかずをあげないとぐずったりして面倒だから当然あげちゃうし、まさにただの「母親の日常」。

それに、私も息子が小さい頃は新幹線の名前を覚えましたが、誰に強制されたわけではなく好きで子供と一緒にやっていたこと。「子供がいなかったら絶対に知らない知識が増えて世界が広がったな～」なんて感じでむしろ楽しかったです。

ただ、のぶみさんはこの歌を「世の中のお母さんたちに対する応援歌」と言っているようですが、応援歌って感じはしないですね。主婦あるあるに共感はするけど楽しくはない。なんとなく悲壮感が漂っているというか…。

それに比べて「これぞ応援歌！」と思うのが、お笑いトリオ・ロバートの秋山がチョコレートのコマーシャルで歌っていた曲「マイクロズボラ」。こちらの方が数倍癒されます。

「もやしのヒゲ　とらずに炒める」とか
「給食袋　体操袋、スマホで
ぽちっと買っちゃってもいいよ」とかいいですね～。

激しく共感します。私なんてもやしはひげを取るどころか、袋に書いてある「そのまま使えます」を真に受けて洗わないことすらあるし、給食袋どころか、家にミシンがないから雑巾まで買っちゃう！「干してある洗濯物をそのまま着る」のも日常茶飯事。私は**「洗濯物の木」**と呼んでいます。「シャツどこ？」「洗濯物の木から収穫して着て」みたいな。

この曲のすごいところは笑えるだけではなくて、「毎日がんばってる君だからいいんだよマイクロズボラ」なんてやさしい言葉にほろっとさせられたりするところ。きっと私みたいにずぼら度の高い人ほどグッとくる歌なんでしょうね（笑）。これはもう後世に残る名曲と言っていいでしょう。

「ずぼら」というと、マイナスイメージを持つ人が多いかもしれませんが、母親業はずぼらなぐらいがちょうどいい。専業主婦だろうが仕事を持っていようが、とにかく母親業って本当に大変。**生き馬の目を抜くママ社会でしのぎを削り、日々の仕事に家事に子育てをこなしていくためにはずぼら力が不可欠です。**いちいちまともに向きあっていたら身が持ちません。手を抜けるところは手を抜く。決して怠けているのではなく、生きぬくための知恵なのです。

ズ ずぼらと無神経は違う

ここで言う「ずぼら」とは、ただ怠けているのとは違います。

ずぼら力とは「よけいなことを気にせず楽しく生きる力」。自分がいかにラクをするかは大事ですが、人のことはどうでもいいというわけではありません。

私はけっこうスピリチュアルに興味があって、その手の本やブログを読むのが好きなんですが、どうしても違和感を覚えることが1つあります。

スピリチュアルの世界ではよく「自分の気分を大事にしましょう」と言われていますが、その言葉を履き違えている人がいることです。たまに「今日は会社行く気分じゃないので休んじゃいました〜」なんて言っている人を見ると、ずぼらな私でも**「ちゃんとしろ！」**と言いたくなります。急に休まれた周りの同僚は仕事のカバーをしなくちゃいけないし大迷惑ですよね。体調不良とかやむをえない事情なら仕方ないですが「気分が乗らないんで」なんて理由を知った日には**「は？　何言ってんの？」**と誰もが思うことでしょう。

この本でも「イヤなことは無理にしない」とか「頼れる人には頼る」と言っていますが、**基本的に「迷惑をかけない」のがずぼらのモットー**。

周りの人を怒らせるのが無神経、「まったくしょうがないなあ」と笑って済まされるのがずぼらです。

自分の気持ちが大事！　と言って周りに迷惑をかけても気にしない人はただの無神経。**ずぼら道に反しています。**その線引きは難しいところですが、自分の良心に従っていれば間違いはないと思います。

例えばＰＴＡの集まりで今日はちょっと大変な作業をしなくちゃいけなくて人手が足りないとします。でも、ＰＴＡの会合に出るのは面倒くさい。ここで休んじゃおうと決めるとどこか良心が痛むと思います。だからここは出席するのが正解。

そしてずぼら力を発揮して、**「つとめは果たしながら、いかにラクに乗り切るか」を考えます。**

しかし、会社で重要な会議があるから会社は休めない、だからＰＴＡは欠席するという場合は良心の痛みを感じないでしょう。これは欠席で正解。**良心の痛みを感じるかどうかをバロメーターにするとだいたい正しい判断ができると思います。**

これは私がＰＴＡの役員をやっていた時、仕事がものすごく忙しい時期に葛藤した末、編み出した方法です。フリーランスという仕事がら、時間の融通はきくので初めの頃は無理して出席していたところ、仕事が滞ってものすごいストレスになってしまったのです。

なんでもかんでもちゃんとやるのははっきり言って無理！　自分を大事にしながら周りの人もハッピーになれるバランスを持っているのがずぼらです。

2章

【子育て編】

子育ては「ずぼら」な方がうまくいく!

第2章【子育て編】
子育ては「ずぼら」な方がうまくいく！

ズ 子育ては、ずぼらなぐらいがちょうどいい

子供が1～2歳になって、いろいろと要求するようになってとにかく思ったことは**「こんな理不尽な人とは接したことがない！」**ということです。

相手の意向はいっさい無視で自分の欲求を通そうとする、要求が通らないと泣くなんて、今まで普通にしてきた友達づきあいではありえない状況ですよね。

そんな状況に遭遇するたびにイライラしてたわけですが、「でもしょうがないよなあ、まだ2歳だし」とふと思った時にはっとしました。**「私、2歳児相手に何を本気で怒ってるんだろう！」**と。だって生まれてきてまだ2年、わけが分からなくて当たり前、という当然のことに気づいたわけです。

そういうふうに考えると、子供に対してイライラするのがアホらしくなってきます。だって子供より自分の方が何十年も人生経験があるんですよ。本気で腹立ててどうする？　って話です。

だいたい子育てって力を入れるほど空回りするんですよね。

子供が生まれたばかりの頃は右も左も分からないので、離乳食のレシピどおりにほうれん草をゆでて、つぶして…なんて一生懸命作っていました。でも、気合いを入れて作ったものほど食べてくれない！　それなのに**レトルトの離乳食の方がよく食べたり**して脱力したことが何度あったでしょうか。

小学生になってもそれは同じです。

仕事が忙しい時の夕飯は、ご飯にマグロ乗っけただけのマグロ丼とか、ご飯だけ炊いて、あとはお惣菜を買ってきてインスタントのわかめスープをつける、みたいな**ずぼら食**ですが、余裕がある時に頑張って**手作りコロッケ**など作ってみました。

コロッケって華がないわりに、じゃがいも潰したりひき肉を炒めたり、けっこう手間がかかるんですよね。それなのに息子に残され、それ以来、

「二度とコロッケなど作るまい！」と心に決めたものです。

その一方、「今日の夕飯、めちゃくちゃうまい！」と息子に大好評だったのが**クックドゥの回鍋肉**だったり。本当に手間をかけるだけ損…。

食事だけに限らず、世の中にはテレビや雑誌やママ友情報など、いろんな子育て情報が溢れています。赤ちゃんの頃からベビースイミング教室に通うとか、幼児の頃から英語教育をするとか。そういう私も**「小さいうちから水に慣れさせねば！　ママ友も作らなくちゃ！」**というプレッシャーもあってベビースイミングに通わせたりしました。小学生になった今、水泳の才能をめきめきと発揮しているかといえば……、「コーチがコワイから行きたくない」と、3年生でスイミングを辞めてしまいました。本当にあの努力はいったい何だったんでしょうか……。

うちの息子はまだ小学生なので、私も子育てについてエラそうなことは言えませんが、今のところ**「小学生なんて学校で楽しくやっていて、普通に授業についていければオッケー」**ぐらいに思っています。サッカーを習わせているのも、サッカー選手にしようというわけではなく、ただ単に有り余る小学生男子の体力を消耗させるためです。

母乳がいいだの、離乳食は手作りだのに始まって、世に溢れる子育て情報には振りまわされず、

「自分はこれで行く！　他は知らん！」

と堂々と**ずぼらを貫く**ことが大事です。情報が膨大すぎていちいち気にしていたらきりがありません。親も子供も人それぞれなので、**子育てに正解なんてない**んだと思います。自分に合ったやり方を選べばそれでいい。どんな母親も母親業をやっているだけで十分頑張っていると思うし、みんな好きなようにやればいいんです。

ズ 子育てが一番じゃなくてもいい

昔よりは、母親業をやっている私たちにとってだいぶ自由な世の中になったとはいえ、**「親は子供のために生きるもの」**という考えが、やっぱりまだうっすらと残っているように思います。ネットで子育てのお悩み相談サイトをちょくちょくのぞいているんですが、そこでも「専業主婦なのに子供を保育園に預けて息抜きするなんて罪悪感がある」とか、義母にちくちく文句を言われたなどという悩み相談を見かけることがよくあります。

たまに息抜きすることの何がいけないんでしょうね?!

おそらく義母の子育て時代には「息抜きのために保育園に預ける」という概念がなかったので、「私たちが苦労したんだからあんたもラクしないで苦労しなさい」ということなんでしょう。**まったくいい迷惑ですね（笑）。**ラクできる手段が身近にあるのなら、どんどん活用すればいいんです。

誰でも生まれた時から人生は自分のもの。どうして子供が生まれたとたんに自分を犠牲にしないといけないんでしょう？

もともと私は昔から子供がニガテでした。決して嫌いというのではなくて、どう接していいか分からない。「このニガテ感を克服するには自分の子供を産むしかない」とまで思っていました。だから「子供が欲しい」という気持ちもなかば「育ててみたい」という好奇心。出産した時の感想も、生まれてきた我が子を見て「なんてかわいいの！」というよりは、**「うわ！　本当に人間がお腹の中に入ってたんだ！」**という驚きの方が大きかったです。

そんな感じなので、「子供の成長が生きがい」だとはまったく思っていません。

「生きる原動力」にはなっていますよ。でも、基本的に我が子といえども自分とは別人格だし、コントロールできるものではないし、したいとも思いません。親のつとめはとにかく子供がまっとうに成長してちゃんと社会で働けるようになるまでサポートに徹することだと思っています。

うちの両親は私がやりたいことを押さえつけたり、「こっちの道へ行け」と強制することはありませんでした。私が留学したいという時も、最初は渋い顔をしていましたが最終的には行かせてくれたし、転職をする時も最初は反対しながらも最終的には認めてくれました。

この「最初は渋い顔」というのも心配していたからでしょうね。自分が親になってみて初めて理解できました。なんだかんだ言いながらも私の自由にやらせてくれたことには本当に感謝しています。これが「子供が生きがい」とばかりにあれこれ干渉されたらうっとうしいでしょうし、挙句の果てに無理やり親の希望する会社に就職させられたりしていたら、親を恨むようなことになっていたかもしれません。親は親で趣味や仕事を楽しんでいて、あまり子供に干渉しないのが気楽でした。

親になっても自分の好きなこと、やりたいことをやった方が健全だと思うんですよね。

自分ができなかった無念な思いを子供に投影するのは不自然だし不健康。仕事がら気になるのが、**「私は英語をしゃべれないから子供には小さいうちから英語を習わせる」**という親たち。それなら子供だけじゃなくて自分も学べばいいのにと思います。英語なんて何歳になっても勉強できますからね。私も50歳を目前にした今、英会話に通って勉強し直そうかと本気で考えているところです。

親になったからって急に子供のために生きなくていい。

自分の人生は自分だけのもの。それは親になったって変わらないはずです。親の背中を見て子は育つといいますが、**楽しそうに生きている親の背中を見せてあげる**のが最高の教育ではないでしょうか。

私の親としての究極の目標は「子供が楽しい人生を送れること」です。それに、母親がいつも必死で鬼のような形相をしているより、楽しそうにしている方が子供もうれしいのではないでしょうか。

ズ 子育てポテンシャルが低い人というのもいる

母親だからといって、誰もがみんな子供の相手をするのが上手な人ばかりではありません。「子育てポテンシャルが低い人」というのは存在します。

それは何を隠そう私のことです（笑）。

女性だからってみんなが母性に溢れていて、子育てが得意だとは限りません。

そういう私はかなり母性が薄いと思います。よく、「赤ちゃんを見ていると、もう一人欲しくなる」という話を聞きますが、そんな気持ちが1ミリも湧いてこない私はやっぱり母性が薄いんでしょうねえ。電車の中で赤ちゃんを見てもかわいいとは思うけれど、なんだか面倒なので笑いかけたりしないし。

もともと子供がニガテというか、子供をどう扱っていいか分からないのが悩みのタネでした。独身の頃、小さい子を相手に上手に遊んでいる友達を見ると「私って女性として失格なんじゃないかしら」なんて妙に落ち込んだりすることもありました。決して子供が嫌いというわけではないけれど、目の前にするとどうしていいか分からなくてオロオロしてしまう。そういう心を子供ってちゃんと見抜くんですよね。友達の方には笑いながら寄っていくのに、私はスルーされて傷つくこともしばしば。

実際に子供を産んで子育てしたおかげで、自分の子供周辺の子供たちの扱いには慣れてきましたが、やっぱりいまだに知らない子供はどうやって扱っていいのか分かりません。

実際に子育てしていても、自分が子育てに向いているか、向いていないかでいえば確実に向いていないと思います。うちは息子が一人しかいませんが、一人で手一杯。何人もいるお子さんの相手をしている世の中の多くのお母さんたちを心の底から尊敬しています。

周りのお母さんたちは本当に子供の相手が上手。子供たちに気軽に話しかけて盛りあがったり、ケンカが始まればうまくなだめたりと、子育てポテンシャルの高さに日々感心しています。

昔はそんな周りのお母さんたちを見ると、**「それに比べて私ってダメだな」**と落ち込んだりもしましたが、今は**「もうこればっかりはしょうがない」**とあきらめています。

算数が得意、とか絵を描くのが得意、というのと同じように、子育て能力にも個人差があるのでしょう。自分の子供を一生懸命育てていれば問題ないし、別に他の子供たちに好かれなくったっていいや」と開き直ったらとってもラクになりました。

昔は心の底には「いいお母さんに見られたい」というイヤらしい気持ちがあったんでしょうね。そんなこと周りは誰も気にしてないのに。

人間、得意、不得意があって当たり前。

それに「子育て」と一口に言ってもいろんな側面があります。手作り料理はあんまり作ってあげられないけど、裁縫が得意だから小物を作ってあげるとか（私はぞうきん1枚縫えないですが）、自分は絵が得意だから絵なら描いてあげられるとか、体力にはわりと自信があるから一緒に走ってあげられるとか。自分の得意なことを生かして、子育てを楽しめばいいんです。

子育ては仕事でもあるけど、趣味みたいな一面もあると思います。ニガテな部分は、周りの人を見て学んで上達することも可能。私も周りのお母さんたちから子供の扱いを学んで、昔よりは上達したと思います。**だからポテンシャルが低くても大丈夫！　落ち込むことはありません！**

ズ 子供の遊びにつきあうのはニガテという人は、無理せず自分も楽しめることを

独身の頃は、「子供が生まれると、みんな子供向けの遊び場しか行けなくてつまんなそう〜」と思っていました。「とにかく子供と遊ぶのが大好き！」という人はきっとどこへ行っても子供と一緒なら楽しめるのでしょう。

でも、私はとにかく子供がニガテでした。小さい子供に**「かわいいでちゅね〜」**とか話しかけるなんて絶対に無理だったし。だから子供がお腹にいると分かった時は「果たして、子供のニガテな私にも育てられるんだろうか」と不安でいっぱい。でも、自分も子供を産めば変わるのだろうと思っていました。

ところが子供を産んだところで人間の性質ってそう簡単には変わらないですね。自分の子供に対しても赤ちゃん言葉で話すのはやっぱり無理でした。なので、

「この新しい抱っこひも良くない？」なんて0歳児に向かって話しかけていました。

息子が赤ちゃんの頃は「子育て支援センターに行くべし」という子育て情報に従って頑張って通っていたものです。そこでみんなで歌に合わせて手遊びなどをやるんですが、あの**「いかにもちっちゃい子向けのお歌」**や、**「はい、おててを上に上げて〜お星さまきらきら〜」**みたいなことをやるのがこっぱずかしくて正直言って苦痛…。

初めは恥ずかしさを乗り越えてやってみたんですが、息子もそういうノリがニガテなのかまったく乗ってこなかったので私も心が折れ、周りで無邪気に踊ってる子供たちを横目に、親子で「…」とひたすら時間をやり過ごしていました。

そんな感じなので支援センターからは自然と足が遠のき、**「自分がやりたいことをやろう」と心に決めました**。

それからは、公園に行って、30年ぶりにブランコをこいでみたり、息子と一緒に滑り台を滑ってみたり、子供が一緒にいないとできない体験を楽しむことにしました。どれも大人がひとり、公園でやっていたら「あの人大丈夫かな?」と心配されるでしょうが、子供が一緒ならアヤシくないですもんね。「子供の頃はあんなに楽しかったブランコは、大人になってから乗ると軽く酔う」なんていう新鮮な発見があったりします。

子供がもう少し大きくなってから家族で出かける時も、行き先を選ぶ時は**「いかに自分たちも楽しめて子供も楽しめる場所を選ぶか」**に情熱をかけてきました。いちご狩りとかアスレチックとか、いつも自分と子供のテイストの中間点を探しています。

でも、子供が小さい頃は「子供は喜びそうだけど、どう頑張っても大人は楽しめそうもない場所」に行かなくてはならないこともあります。例えばアニメのキャラクターのイベントとか。**そういった場合は、帰りに温泉に寄るという大人の楽しみを入れる。**そうすると「子供を遊びに連れて行ってやってる」という義務感のようなものはなくなり、「一緒に遊びに行ってる」という感覚になるので自分の楽しみの延長のように思えます。

うちでは息子が0歳の頃からずっと、ほぼ毎晩、寝る前に絵本を読んでいます。こう言うと「情操教育に熱心なのね！」なんて思われるかもしれませんが、

理由はただひとつ、「自分がやりたいから」。

自分が子供の頃、母親が寝る前にずっと絵本の読み聞かせをしてくれて、すごく良い思い出になっていたので、子供が生まれたら絶対にやろうと思ってい

ました。どんな絵本を読むかのチョイスも、子供の教育にいいからというよりは自分が読みたいものを選びます。「ぐりとぐら」とか「だるまちゃんとかみなりちゃん」とか「いやいやえん」とか自分が子供の頃大好きだった絵本を読んで懐かしさに浸っています。仕事で疲れきった時でも、子供のとなりに寝転んで、やさしい口調の絵本を読んでいると、なんとも心が癒されます。

子供の遊びにつきあうのがニガテという人は、「子供のため」なんて思わないで**「いかに子供と一緒に自分が楽しめるか」**を考え、自分がやりたいことをやり、行きたい場所に行きましょう！

ズ 子供は自分とは別人格だと割り切る

子供って本当に親の言うことを聞きませんよね。

小学3年生のうちの息子は、宿題はやらない、放っておくとゲームばっかり、読むといえば漫画ばっかり。「自分が小学3年生の時は、もっとちゃんとしてたよなあ。宿題やれとか親に言われた記憶もないし、本もけっこう読んだし…」と思うこともしばしば。でも親にそれをグチると「男の子と女の子は違うからねえ」と言われます。

そう、自分のお腹に入っていたとはいえ、**息子はまったく別人**なんですよね。そんな当たり前のことを、子育てをしていると時々忘れそうになることがあります。

子供をコントロールするなんて不可能。言うことを聞かないのも当たり前だと思えばストレスもたまりません。

そんなわけで、自分の子供時代と比べるのはやめて、息子に対するハードルをめちゃくちゃ下げました。別に本を読まなくてもいい、たとえ漫画でも活字を読んでいるわけだから良しとする。自分から宿題をやっただけですごく褒めちゃう（まあ、めったにないことなんですが）。

もちろん過度な期待もしていません。

「一流の大学に入れたい」とか「子供をサッカー選手にしたい」という希望はまったくありません。子供に望むのは「自分の好きな仕事でちゃんと食っていける大人になること」のみ。

だから、「どうして勉強するの？」と子供に聞かれたら、「自分の行きたい道を自由に選ぶためだよ」と今から言い聞かせています。

「子供は別人格」というだけあって、子供の方がむしろ親より優れていることもあるんですよね。息子は学校内で顔が広く、一緒に近所を歩いていると、学年、男女問わずいろんな友達に声をかけられます。私は誰とでもすぐに仲良くなれるという性格ではないので、息子のそういう部分は素直に尊敬しています。

また、私はけっこう家の中で電気の消しわすれが多いんですが、「また電気つけっぱなし!」なんて息子に注意されたりすることも…。親がずぼらだと子供がしっかりしてくれるというメリットもあります。

いろんな意味で子供は別人格。

そう割りきって尊重するところは尊重し、あきらめるところはあきらめればムダなストレスを感じなくて済みます。

ズ ずぼらでもここは気を付けよう。「親子である以前に人と人である」

自分が子供の頃は大人の言うことが絶対だと思っていました。言っていることが正しいかどうかなど考える余地もなく、絶対。それぐらい大人というのは威厳のある存在でした。記憶にある限り親が自分に弱音を吐いたこともないし、「そんなに言わなくったっていいじゃん」という理不尽な怒られ方をしても、あとで親が「ちょっと言いすぎた」などと謝るようなことはありませんでした。大人になったら当然、自分も威厳のある存在になるものだと思っていました。

が、しかし！　いざ自分が親になってみると、子供にちょっと生意気な言い方をされると**「ムキー！」**となってひどいことを言ってしまう。仕事で疲れているとやつあたりすることもある。**「大人ってこんなだっけ？」というような、まだまだ人間ができていない部分ばかり。**だからといって昔の親が自分に比べてすごく人格者だったのか？　といえばきっと違うはず。昔の親はきっとそういう部分を子供には見せなかったんでしょうね。

でも、大人だって間違ったことをする、弱い部分があるというのを子供に見せるのも教育のうちなんじゃないでしょうか。「教育」なんてもっともらしいことを言っていますが、実は「いつも完璧な姿を見せる」なんてしんどいからなんですけどね。

仕事が切羽詰まっていたり、忙しくて疲れている時などは、子供に対していつもは大目に見て許していることにも腹が立って、必要以上にきつく怒ってしまったり、ひどいことを言ってしまったりすることがあります。でも、そんな時は「さっきは言いすぎた」と素直に謝るべき。

当然ですが、我が子だからって何を言ってもいいわけじゃない。子供だって、人生経験は浅いとはいえ、ちゃんと意志を持っているということを、頭に血がのぼると親はつい忘れてしまいがちです（自分も含めて）。

普段、周りの人に対してやってはいけないようなことは子供にもするべきじゃないと思います。だから、ゲームの途中で強制終了するとか取りあげるなんて行為はやっぱり横暴。ここは話し合いで解決したいところです。**親と子である以前に、人間と人間であることを忘れてはいけないですね。**

ズ 子供に言っていることを親はできているのか？

親は子供にいろいろな訓示をたれるものです。先日、小学校の学習発表会の前に、「失敗したらどうしよう」と言う息子に「失敗なんか怖くない、人間失敗してナンボだ！」とゲキを飛ばしましたが、その時ふと考えました。

「果たして子供に言っていることを自分はできているだろうか」と。

息子は何かにつけ、「失敗したら恥ずかしい」と言います。正直言って、そういう人の目を気にするところ、ものすごく自分に似ています。

以前の私はすごく人の目が気になっていました。例えば息子の小学校の入学式の時、引っ越してきたばかりでママ友が誰一人いなかった私はポツンとしていたわけですが、「周りのお母さんたちに、寂しい人だなんて思われないかな」

とか、どうでもいいことを気にしてしまう。
昔から私は人前に出ると緊張するんですが、それもすべて「人からどう見られるか気になる、失敗したら恥ずかしい」という思いから。息子とまったく一緒！

ずぼら力を身につけてからはだいぶラクになりましたが、それでもまだその名残があります。趣味で習っているフラメンコのレッスンで一人ずつ踊らされることがあるんですが、そのことを考えるだけで毎週レッスンに行く前は憂鬱。だから息子の気持ちも痛いほどよく分かるし、「失敗なんか怖くない、人間失敗してナンボだ！」なんて、**むしろ自分に言いたい言葉**です。

「失敗が怖いから学習発表会の練習をしたくないという言う息子が、どういう気持ちで練習に臨めば憂鬱な気持ちを捨てられるか？」ということを考えてみました。「練習を楽しめ」とか、「どれだけ上達するかチャレンジしてみろ」とかいろいろ考えてみましたが答えは出ず。「みんなやってるんだから頑張れ」というのも何か違う気がする。考えぬいたすえ出た答えは、**「人にどう思われるかなんて思わなければいい。嫌だろうがなんだろうが、逃げるわけにいかないんだからとにかくやる！」**。そう息子に伝えました。

失敗したら恥ずかしいという気持ちを捨てるのは自分も乗りこえるべき課題です。しかし、すっかり弱気になった息子は「どうせ失敗するんだ」などと言いだしたので、ここだけはビシッと言ってやりました。

「そうやって、できないって決めてるのは自分なんだよ！」

実はフラメンコの先生に言われた言葉をそのまま拝借したんですけどね。失敗を恐れてビクビク踊っていると、先生によくこう注意されます。

弱気になる気持ちは分かりますが、自分で「失敗する」などと言ってしまうことは許せませんでした。だから、「失敗するなんて絶対に言うな！　自信がなくても「できる」って言うこと！」とくぎを刺しました。ずぼらって本当にやりたいことを諦めることとは違うからです。

親がいろいろ悩んでいるのと同じく、子供には子供の考えや世界があって子供なりに考えているんですね。親が子供に「教えてあげる」ことって実はあんまりないんじゃないかと思うことがあります。だから、

「親がちゃんとしなくちゃ！」なんて力を入れなくても大丈夫。

子育てって、親子ともども成長していくものなのでしょう。

ズ たまにはごほうびで釣ってもいいんじゃない？

「今度のテストで百点取ったらごほうびにおこづかいをあげる」とか、子供に何かを頑張らせるのにごほうびで釣るのは賛否両論がありますね。

うちは息子が保育園の頃からお遊戯会の練習とか、運動会のダンスの練習を嫌がって「保育園に行きたくない！」ということがたびたびあったので、「お遊戯会の練習を頑張ったら仮面ライダーグッズを買ってあげる」とか、物で釣ることがよくありました。そのたびに、「こんなんでいいのかなあ？」と自問していたわけですが、あの頃の自分に言ってあげたい。

「いいんです！」

だって、大人でも、「この仕事が終わったら今晩は第三のビールじゃなくて、本物のビール飲んじゃおう」と思うじゃないですか。**鼻先にニンジンをぶら下**

げると頑張るのは馬でも大人でも子供でも同じ。子供だってごほうびがあったら頑張れるはず。

私も以前は「物で釣るのはどうなのか？」と思っていましたが、ある出来事をきっかけにいいのだと確信しました。

息子は通信添削をやっていて、毎月課題のワークブックを1冊終わらせることになっていました。自分も子供の頃そうだったんですが、通信添削って、気づくとすぐに課題が遅れたりたまったりするんですよね。学年末の3月の終わりになっても、まだ3月の初めの課題をやっている息子。もともと、「2年生の勉強を1年間頑張れたら欲しいゲームソフトを買ってあげる」と約束していたので、「この課題を終わらせたらソフトを買いに行こう」とハッパをかけてみました。

すると、今までに見たことのない集中力で猛然とワークブックを進め、1カ月かけてやるワークブックを2日ぐらいで終わらせてしまいました。その恐るべき底力を見て、**「これもアリかもしれない」**と思うに至りました。

ここで「毎日こつこつやることが大事なのだ」という正論は置いといて、そのモチベーションの力ってすごくないですか？

「物で釣ると、子供がクセになる」という人もいますが、意外と子供ってちゃんとわきまえているものです。ごほうびにゲームソフトを買ってあげたところで際限なく欲しがることもありませんでした。もし際限なく欲しがってもダメな時はダメだと言えばいいだけの話。子供もうれしいし、親もラクというごほうび作戦、ぜひおすすめです。

㋜ 子供への罪悪感はどこかに捨ててしまおう！

主婦向けのネットの掲示板をのぞいていると、よく**「幼稚園VS保育園」**論争が繰り広げられています。

見ていていつも「この論争、永遠に平行線だよな」と思います。もう、どっちが正しいとかはないし、答えを出しようもない。私もずっと働いていたので保育園派だったわけですが、「保育園に入ると小さい頃から社会にもまれるのでたくましくなる」「家では経験させてあげられない遊びができる」などメリットが書かれていて、いちいち「そうだ、そうだ」とうなずいて読んでいます。

しかし、息子が3歳ぐらいの時、朝、保育園で別れ際に「おかあーさーん」と絶叫していた姿を思い出すと今でも泣きそうになります。毎日泣いていたわけではありませんが、そんなふうに泣かれた日は1日中気持ちが重かったものです。「仕事なんだから仕方ない」と自分を納得させようとしてもやっぱり心のどこかで「申し訳ない」という気持ちがありました。

でも、今思うとそんな罪悪感は本当に「持っていてもしょうがない物」だったなと思います。仕事を辞めるわけにはいかないし、あの時は**「それがベストな選択」**だと思ってやってきたんだから。

そういえば大人になってから母親に**「あなたが小さい時、お母さんは一番よかれと思うことをやってきたんだからね」**と言われたことがありました。何のことかと思ったら、私が3～4歳ぐらいの時、散歩をしていて2歳下の弟を抱っこしてあげなくてはいけなかったので手もつないであげられなかった。寂しそうに歩く姿を見て本当に申し訳ないと思った、と言うのです。

そんなことをいきなり言われて本当に驚きました。というのも、親に対しては何の不満もなかったから。まあ、もちろん小さい不満は多少ありましたが、全体的にはやりたいこともやらせてもらったし、話もちゃんと聞いてくれたし、親には感謝の気持ちしかなかったからです。だいたい3歳の記憶なんてほとんど残ってないし。

親が思うほど、子供は気にしてなかったりします。

こないだ息子に「小さい頃、保育園の前で〝おかーさーん〟なんて大泣きしてたの覚えてる?」と聞いてみたところ、答えは**「覚えてねー」**のひとこと。あれはまったくもってムダな罪悪感だったよう。

世のお母さん方、その時一番よかれと思うことをやっているのであれば、罪悪感は不要です! そんな物は持っていても心がすり減るだけムダ! どこかへ捨ててしまいましょう。

ズ 他の子と比べない

昔から何が嫌いって、人と比べられることが大嫌いでした。それなのにいざ自分が親になってみると、つい**自分の息子を他の子と比べてしまう**ことがしばしば。でも、それはもうやめることにしました。

息子のサッカーの試合をよく応援しに行くんですが、はっきり言って息子はそれほど上手ではありません。同じチームの中には、やっぱりものすごく上手な子もいるし、貪欲にボールに食らいついていくすごい子もいます。そんな中、いまひとつガッツに欠ける息子を見ていると正直、「なんでうちの子はもっと…」と思ってしまうのは親の悲しいサガ。

でも、保育園の時に一度サッカーチームに入れた時は練習がイヤで泣きだして挙句の果てにはやめてしまったのが、今のチームに入ってからは休まずに出てるし、練習が楽しいと言います。以前は怖がってボールの奪い合いを遠巻きに見ているだけだったのが、スイッチが入ると猛然と向かっていくことも。そう考えると**「ものすごい進歩ではないか！」**と気づきます。

上達の度合いは人それぞれですもんね。

私自身、習っているフラメンコで「あの人はあんなに上手なのに、なんであなたはそんなふうに踊れないの？」とか、仕事で「あの人の訳文はあんなにいいのにあなたのは…」とか言われたらものすごくイヤなので、子供にも絶対に他の子と比べるようなことはすまい！　と心に決めています。「比べるのは人ではなく過去の自分」という姿勢は、子供に対しても自分に対しても忘れないでいたいですね。

ズ 子供の失敗にずぼら。失敗してもいいじゃないか

小さい子供が飲み物をこぼして「ダメじゃないの！」とお母さんに叱られる状況はよくあることですが、**「わざとこぼしたわけじゃなければ怒らなくてもいいんじゃないの？」**といつも思います。怒るのってエネルギー使いますよね。怒らずに済むならその方がお母さんもラクだし。

そういえば子供の頃、例えばテストで悪い点を取って怒られる時や、忘れ物をして怒られる時、「一番反省してるのは自分なのに、どうして大人はしつこく怒るんだろう」と思っていました。たいてい「ああ、忘れ物しちゃった、次から気をつけよう」と思っていると、先生に怒られる。子供ながらに「分かってるんだからあんまり言わないでよ」と思っていました。

「大人は必要以上に子供を叱る」というのは世代を超えた共通の傾向なんですね。

息子の小学校では学年の最後に学習発表会があり、合唱や音楽劇を披露するんですが、そのための練習を息子はものすごく嫌がっていました。その理由を聞くと、「失敗すると先生に怒られるから」とのこと。

私が小学校の頃はものすごく怖い先生がいて、怒られる時は容赦なくビンタが飛んでくるので本気で怯えていましたが、最近の先生はやさしいですからね。怒られたってそれほど害はないじゃないかと思いましたが、やっぱり子供にとっては怒られるってものすごいストレスなんですね。

「どうせ練習中にふざけていて怒られたんだろう」と思っていたらそういうわけでもなく、どうやら上手にできないと「全然ダメだ！」と怒られるということでした（子供の話なのでどこまで本当か分かりませんが）。

でも、悪いことをしたわけでもないのに失敗しただけで怒られるとしたら気にすることはないと思い、息子に言いました。「怒られたからって命取られたり学校辞めさせせられたりすることはないから気にするな。こっちが一生懸命やってるのに先生に怒られた時は、友達と〝あんな言い方しなくたっていいじゃんよう〜〟とかグチを言って発散して乗りこえろ。それも人生修行だ！」。

練習をやりたくないと言う息子にどうやったら分かってもらえるかと思い、「ゲームと同じで、難しいミッションをクリアするほど経験値が上がるのだ！」と言ってみましたが分かったのかどうか…。

とにかく「失敗してもいい。失敗するかどうかはどうでもよくて頑張ったかどうかが大事。失敗してもお母さんは怒らないけど一生懸命やらなかったら怒る。あっさり成功するよりも、頑張って失敗した時の方がむしろ経験値は上がるのだ！」と伝えました。

それが心に響いたのかどうかは分かりませんが、それから泣くほど嫌がることはなくなり、そして迎えた本番。あんなに嫌がっていたのがウソみたいに全力でやりきっていて、帰ってきてから「楽しかった！」とまで言っていました。

失敗すると経験値が上がるというのは真実だと思っています。

私自身、根が不器用なため、むしろ一発ですんなり成功するということはめったになく失敗しまくりの人生。でも、失敗するとそのたびに「どうしたらうまくいくか」「失敗の原因は何だろう」「この落ち込みからどうやって立ち直ろうか」などといろんなことを考えます。そこで得た対処法や教訓はまちがいなく人生の肥やしになります。昔はあんなにいろんなことに悩み、苦しんできた自分がここまで図太くなったのも、ひとえに失敗から学んだから。だから**子供にもぜひ、いろんな失敗を体験して図太くなってもらいたい**ものです。

ズ 弱音を吐いてもいい

子供の頃、外に出かけてたくさん歩いた時に「疲れた〜」とか、暑い日に「暑い〜」とか言うと怒られたものです。昭和の時代は、なんでも**「根性で乗り切れ！」**と、弱音を吐く事が悪いことだとされていたように思います。

しかし、我が家では、息子がいくら弱音を吐いてもいいことにしています。

例えば新学期に「学校へ行くのがイヤだ」と言った時、自分が子供の頃だったらおそらく親に「ぐだぐだ言ってんじゃないの！」と一喝されて終わりだったと思います。でも、大人だって、例えば転職したあとの初出社の時は緊張するし、気が重い仕事に向かう前は気分はブルーだし、逃げられないことは分かっているけれど「行きたくないなあ」なんて言ってみたくなったりしますよね。

きっと息子もそんな気持ちなんだろうなと想像すると、**「そうだよね、そんな気分になることあるよね」**という言葉が自然に出てきました。

子供が弱音を吐くと、「情けない！」とついイラっとすることもありますが、自分の立場に置き換えて考えてみると共感できることも多いものです。

その後も息子は「音楽のテストがあるから」とか「嫌いな先生の授業があるから」と、ちょくちょく学校に行くのを嫌がることがありました。

あんまり学校に行くのがイヤだイヤだというので、「〝楽しみだ、楽しみだ〟って言ってごらん。言ってるうちに楽しくなってくるかもよ」、と言ってみたものの、やっぱり「イヤだ」と言うので、「それで気持ちがラクになるならじゃあ気が済むまで言ってもいい、ただイヤだから学校に行かないという選択肢はないからね」と言うと、「じゃあ千回言ってやる」と言うので、「千回言うぐらいなら学校行った方が早いんじゃない？」と息子に言うと、「そうだよね」と妙に納得していました。

それから1週間後。「なんだか学校行くのが楽しくなってきた！」と言う息子は自分なりに気分を盛りあげようと努力している様子。うん、それでいい！

ズ 子供の意思を尊重してみる

「今どきの親は甘い！」とよく自分の母親世代の人から言われることがあります。

思えば昭和の親は怖かった。我が家でも母親に怒られて頭をひっぱたかれたりは日常茶飯事。母親が投げたお皿が飛んできたりしたこともあります。

弟の反抗期に手を焼いた母親はよく、「言うことをきかなかったらケリ入れて

やった」と武勇伝のように話していますが、確かに昭和の親はそういう親が多かった。門限を過ぎて家に帰ると本当にカギを閉められていたり、今だったら虐待だと通報されかねないことが普通に行われていました。学校でも普通に先生にビンタされたりしていましたしね。

でも、「昔はそうだった」とはいっても、果たしてそれが本当に正しいことだったんでしょうか？　子供に手を上げるのは教育のためだというけれど、本当にそうだったのかは疑わしいところです。

私自身は子供を叩いたことはありませんが、手を上げそうになったことはあります。そういう時はだいたい子供のためというよりは、正直言って自分がムキー！　っと感情的になった時。自分が子供だった頃は頭をひっぱたかれるのが当たり前だと思っていましたが、果たして**親はあの時本当に「子供のため」と思ってやったことなのか？　きっと違うと思います**。話をすれば分かる年齢だったし、そこまで聞き分けが悪かったわけでもありません。

未熟とはいえ、子供にも人権があります。むやみに叩いたり親の権力で子供を押さえつけたりするのは人権侵害ですよね。

叩くとまではいかないものの、子供がゲームばかりやっているのでゲームを取りあげたとか、途中でブチっとスイッチを切って強制終了させたというのはよく聞く話です。でも、もし自分がそれをやられたらどうでしょうか？　きりのいいところで終わろうと思っていたのに途中で切られたらかなり頭に来るはずです。

うちの息子も家に帰ってくるとゲームに熱中していて、夕飯や寝る時間になってもなかなかやめません。その話を周りのママ友にすると、「ゲームを取りあげればいい」とか言われましたが、強硬手段に出るのはどうしても抵抗がありました。

どうしたらいいものかと悩んでいた時、「いっそのこと本人に聞いてみよう」と思い立ちました。

当時はまだ小学校1年生だったのでちゃんと話し合いができるかと思いましたが、「ゲームを無理やり取りあげるとかそういうことはしたくないんだよね。でも、今みたいに自分でちゃんと時間を守れないんだったらそうするしかないけどどう思う？」とダイレクトに息子に聞いてみると、「うーん」と考え、「俺もゲームやりすぎかなと思うことがあるんだよね」と意外にも素直に反省。頭ごなしに怒っていた時よりも、むしろちゃんとこちらの話を聞いてくれました。

そしてそれから自分からちゃんと宿題をやるようになりました、と書きたいところですが、そううまくはいきませんね（笑）。でも、頭ごなしに怒るのでは

なく、たびたびそうして「話し合い」を重ねた結果、3年生になった今はひとこと言えば自分からやるようになりました。我ながらハードルが低いと思いますが、2年前から比べればすごい進歩！

子供を怒るのってすごく体力使うじゃないですか。ずぼらとしてはできるだけよけいな労力は使いたくない。**頭ごなしに怒るよりも話し合いで解決する**と体力的にもラクです。

ズ 子供に任せてみる

毎日毎日「宿題やりなさい！」とか「部屋を片づけなさい！」とか子供に言うのに疲れることってありませんか？　そんな時は**思いっきりハードルを下げて、あとは子供に任せてみて**はどうでしょう？

うちの息子も世の多くの小学生男子と同じく、学校から帰ったらすぐに宿題をやるなんてことはまずありません。その都度「宿題やりなさい」と言うわけですが、あまりにも毎日同じことを言うのに疲れはてて、ある日「もう、なんなら1日ぐらい宿題忘れていってもいいや」と思い、言うのをやめてみました。するとなんと！　さすがに学校から帰ってすぐなんていうのは無理ながら、夕ご飯を食べおわったあと、おもむろに**「宿題やるか〜」**と言いながら始めました。なんだ、言わなくてもやるじゃん！

「早く宿題やりなさい」と言うと、「今やろうと思ってたのに」と言うのは子供の常套句です。でも、自分が子供の頃を思い出してみると、「本当にやろうと思っていたところに親にやりなさいと言われてテンションが下がった」ということがあるんですよね。

だから**「もしかしたら本当にやろうと思っているのかもしれない」**と子供を信じて、なるべく言わないようにしてみました。すると毎日学校から帰ってすぐに自分から宿題をやるようになりました！　とはなかなかいかないものですね。

もはやそんなことは期待するのはやめておもいっきりハードルを下げてみました。せめて「その日のうちに宿題をやる」を目標にして、何時から始めるかを自分で決めさせることに。

親が「宿題やりなさい！」とガミガミ言うよりも、自分で6時とか6時半とか決めた時間を守らないのはやっぱり子供ながらに気持ちが悪いらしく、ひとこと言えばすぐにやるようになりました。しかも何回かに1回は自分でやることも！

ええ、ハードルが低いのは分かっていますとも。
でも、もうこれでオッケーとしましょう。
完ぺきを求めないのがずぼら流です。

ずぼら親の理想的な子育ては、**「親はできるだけ手を出さずに、子供に自分の頭で考えさせる」**こと。その方が親もラクだし、子供も自分で考えて行動する力がつくことでしょう。

ズ あえて手出しはしないで失敗させてみる

子供って本当に親の言うことを聞かないものですよね。宿題をしなさいと言ってもしない、朝はだらだらしていてなかなか学校に行く支度をしない。そんな時はもういっそ**宿題をやらないまま学校に行かせてみる**。朝、支度をしないなら**遅刻してても放っておいてはどうでしょう**。

息子が小学校1年生の時に、朝、何度注意してもダラダラしていて支度をしようとしないことがありました。そのたびに口うるさく「早くしなさい！」と言っていたのですが、ある日、何度も注意するのに疲れはて（このパターン多いですね）、**「遅刻したらしたでいいや」**と放っておいてみました。案の定、登校班の集合場所に行く時間に間に合わず、泣きながら一人で登校することに。

よほど遅刻に懲りたのか、その翌日からは、ちゃんと時間を気にしてテキパキと支度をするようになりました。ほんと、痛い目に遭わないと分からないんですねえ。

基本、うちではなるべく子供に手をかけないのがモットー。世の中の小学生の親が頭を悩ませる問題のひとつに「夏休みの工作の宿題」があります。授業参観などで校内に展示されている作品を見ると、「あきらかに親が手を加えたな」と分かるような素晴らしい作品が並んでいます。しかし、我が家はあえていっさい手を加えないで提出しました。

以前、夏休みの宿題で防災ポスターが課題になったことがありました。デザインも何もかも息子に任せて、「できた」というので見てみると、いかにも**「めんどくさいから適当に終わらせました」**という感じのやっつけ仕事感満載の出来栄え…。ポスターだというのに、クレヨンでちゃちゃっと描いておしまいにしようとしていたので、さすがにそこは「背景の色ぐらい絵の具で色を塗れ」と注意しましたが、基本は息子一人でやらせました。親が手を加えてきれいに仕上げるという方法もありますが、うちの教育方針は

「ありのままで勝負！」（というか親が面倒くさい）。

ちゃんと描いてきた子の作品と並べられたらかなり恥をかくであろう出来ですが、**「恥をかくのも経験！」**ということでまったく手を加えないで送りだしました。これで「恥ずかしい」と思って今度はちゃんとやろうと思ってくれればと願っているんですが、けっこう平気だったりして…。

母親がずぼらだと
むしろ子供がしっかりしてくれたりします。

小学校に入ったばかりの頃は、だいたい親が明日の持ち物のチェックをするかと思います。でも、面倒なので息子には全部自分でやらせていたら、やっぱり時々忘れ物をすることもあった様子。それで先生に怒られて懲りたのか、毎日ちゃんと確認するようになりました。

やっぱり子供はどんどん失敗して恥をかいたらいいんです。**きっと親が10回注意するよりも、一度実際に失敗してみる方が心に響くことでしょう。**

ズ たまに母親であることを放棄する

働く母には休みがありません。朝から夕方まで仕事したあとは、「さて夜の部！」という感じで子供に宿題をやらせ、夕飯の支度をして、食べて、片づけて、洗濯物をたたんで、子供に「お風呂に入りなさい」とか「歯を磨きなさい」とか「明日の用意しなさい」とか急かしたり…。それでもダラダラしている子供。特に仕事が忙しい時は、もう怒る気力も残ってない、ということがよくあります。

そういう時はもう、母親業を放棄しちゃいましょう。

「お店だって閉店時間があるんだから母親業も閉店時間があってもいいじゃないか！」というわけで**「本日は業務終了！」と宣言**しちゃう。

子供が宿題をやってなかろうが、明日の用意をしていなかろうが、自分はさっさとお風呂に入り、自分だけ布団に入ってしまう。子供が宿題をやってなかろうが、洗濯物がたまってようが、夕飯を食べたあとのお皿が山積みになっていようが、1日ぐらいなら別にどうってことありません。いつもは口うるさい母親がたまにこういう行動に出ると、子供はびっくりして自分からちゃんとしてくれる（かもしれない）という効用もあります。

いつも仕事も育児も頑張ってるんだもの。1日だけ、ちょっとぐらい母親業や仕事を放棄したっていいじゃないですか。

「今日はもういいや〜」と何もかも放棄して早く寝るとまた次の日からやる気が出ます。

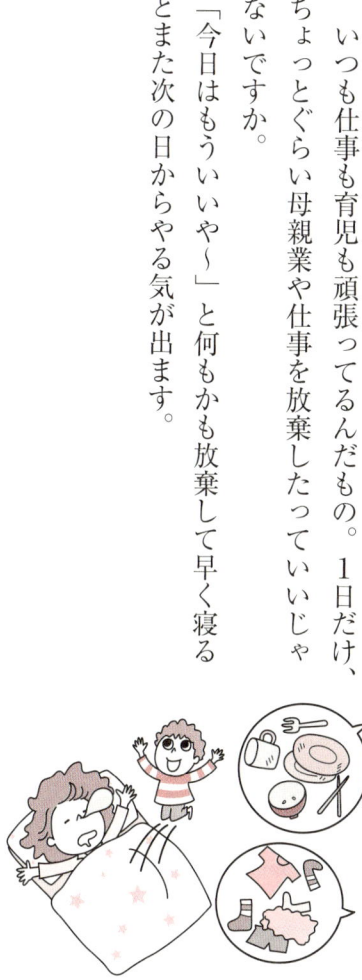

3章

【人間関係編】

人に疲れない「ずぼら力」の魔法!

第3章【人間関係編】
人に疲れない「ずぼら力」の魔法！

ズ ママ友は会社の同僚だと思うぐらいのスタンスで

私は深いママ友づきあいをしたことがないせいか、実際に経験したことはないんですが、主婦のお悩み相談サイトなどを見ていて驚くのは、本当に**ママ友トラブル**が多いこと多いこと。「AさんとBさんと3人仲良くしてたのに、ある日私抜きで2人が会っていてショック」とか、「突然ボスママに無視されるようになった」とか。

自分が出産する前、情報収集のために見はじめたサイトなのですが、出産前、「ママ友とうまくやっていけるか」というのが大きな心配のタネだった私は、そういった数々の投稿を見て「ママ友社会ってなんて恐ろしいの！」と震えあがりました。

しかし実際に子育てを始めてみると、あれほど恐れていた**「公園デビュー」**もなんなくこなせたし、ボスママなんてものにはほとんど遭遇したことがありません。ちょっとそんな感じのリーダーっぽい人はいますが、むしろ全体をまとめてくれるのでありがたい存在だったりします。

「公園デビュー」もなにも、子供が小さい頃はイヤでも公園に遊びに連れていくことになるし、自然となんとなくその場にいる人とヒマだからしゃべったりすることになるので、そんなに構えることはなかったなと今になって思います。保育園に入ってからも、ボス的なオソロシイ人はいなくて、保育園帰りに園庭で子供を遊ばせたり、何かの行事の時も和気あいあいとやっていました。まあ、保育園だったからというのもあったかもしれません。幼稚園ではしょっちゅう親が集まる機会があるのでつきあいも濃くて大変という話も聞きます。保育園は全体的に幼稚園に比べて親同士のつきあいがあっさりしています。働くお母さんたちは、ほどよい距離感を保った仕事場でのおつきあいが板についてるからかもしれません。

「ママ友って会社の同僚みたいだな」と思いました。

子育てという同じ仕事をする同僚。会社でもいろいろな人がいるように、ママ友にもいろんな人がいます。会社ではどんなに気が合わない人でも仕事上つきあわなくてはならないので、仕事のつきあいだと割りきるのはごく普通のことです。その中でも、気の合う人とは会社以外の場所に一緒に出かけたり、会社を辞めたあとも友達としてつきあいが続くこともあります。

ママ友関係も同じですよね。**基本的には同じ仕事をする同僚で、その中で気の合う人とは「ママ友」ではなく友達になればいい。**それなのにヘンに「仲良くやらなきゃ」と無理するからトラブルになるんでしょうね。

同僚だと思えば、「職場」である幼稚園、保育園、小学校の外で誰が何してようがどうでもいい。

仕事の中心である子供さえ楽しくやっていればオッケー。

そもそも**主役は子供たちであって、親は黒子みたいなもの**です。黒子の同僚同士、ほどよい距離感で気持ち良く仕事ができればいいぐらいに考えていれば、ママ友のことで悩むこともなくなるでしょう。

ズ ママ友を頑張って作る必要なし

子供が生まれる前の悩みのひとつが「ママ友とうまくやっていけるだろうか」ということでした。ネットなどで調べた事前の情報によると、ママ友というのは、どうやら普通の友達とは違う、いろいろと気を遣わなければいけない面倒くさい関係らしいということが分かり、不安感をあおられました。

そもそも「ママ友」という言葉が嫌いでした。普通の友達とは違うその独特のカテゴリー。しかも、「子育てしているのにママ友がいないのは母親失格」というプレッシャーを感じます。

育児雑誌を読むとさかんに「ママ友を作りましょう」と書いてあります。出産前の母親教室でもそんなことを言われたので、子育てを始めたばかりの頃はわりと頑張って子連れイベントに参加したり、地域の支援センターに遊びに行ったりしてみました。**「ママ友を作らねば！」**という強迫観念にかられて、それほど仲良くもないのに電話番号を交換して家に遊びに行ってみたりしましたが、気を遣うだけでちっとも楽しめませんでした。

というのも、「ママ友とのトラブルに注意！」などという情報もよく目に入っていたので「失礼があってはいけない！」と必要以上に怯えていたからです。育児のお悩みサイトで、「ママ友の子供がうちの子のおもちゃをなめていて不愉快だった」などという投稿を読んでいたので、息子がおもちゃをなめたりすると「大変！」とすぐさま飛んでいって拭いたり、「自分の子供の話ばかりするのはNG」というのを真に受けて、「ほどよくママ友の子供を褒めねば」などと、気の小さい私は妙に気を遣ってしまって正直あまり楽しめなかったのです。確かに楽しい思い出もありますが、基本的に子供と自分だけの方が気楽…。

そして**「自分にはママ友づきあいは心底向いてない」**と悟り、よっぽど気が

向かない限り、

ムリなつきあいをせず、堂々と生きていくことにしました。

育児雑誌とか育児情報サイトを見ると、ママ友づきあいをしていないと母親失格みたいな気分になったりすることもたまにありましたが、「自分のペースを貫こう」と心に決めました。

その点、子供が成長して保育園に行くようになると、保育園ママはつきあいがあっさりしているのでラクでした。お迎えに行くと園庭で30分から1時間ぐらい遊ばせるのでその間の立ち話で情報交換したり、育児で気になることを話したりして発散できるので、それでけっこう満足だったりします。

お互いに連絡を取りあって保育園外で遊ぶということはほとんどありませんでしたが、私にはそれぐらいでちょうどいい感じ。子供は子供で保育園の友達と仲良く遊んでいるし、自分には昔からの友達や趣味の友達がいるし、平日は仕事で忙しいし、週末は家族で過ごしたいので、あまり深いつきあいをする必要性がありません。

よくお悩み掲示板で「ママ友ができないのですがどうしたらいいでしょう？」という悩みを見かけますが、

「いないならいないでもけっこう大丈夫ですよ〜」と声を大にして言いたい。

挨拶はちゃんとするとか最低限の礼儀は守って、子供も自分も楽しくやっていればそれでいいんじゃないでしょうか。ママ友づきあいは向き不向きがあるし、どのぐらいのつきあいをするかは人それぞれなので、マスコミもママ友、ママ友とあおるのはやめてほしいと思います。

ズ 不器用でもどうにかなる！

もともと**「ママ集団」**というのがニガテでした。

子供がお腹にいる時、公園や幼稚園バスの送り迎えの場所でママさんたちが集まってしゃべっているのを見ると、「この中に自分は入れるだろうか」とか、恐怖感すら湧いたものです。

しかし実際、子育てを始めてみると、コワい人もいないし、あれほど恐れていた「公園デビュー」もあっさりとこなしました。というか、ただ子供を公園に連れていって遊ばせながら、気が向けばそこにいるママさんたちと話す、

気が向かなければボーっとしているという
ずぼら公園ライフ。

はりきってママ友を作ろうともしなかったので、息子が保育園に入る前は、家

に遊びに行ったりする**親しい「ママ友」は一人しかいませんでしたが、それでも何の不自由もありませんでした**。

保育園に入っても周りのお母さんたちはいい人ばかりでしたが、つきあいはけっこうあっさりしていて送り迎えの時に会えば立ち話をする程度。しかし、仕事がら、普段は家にひきこもっている私には良い気分転換でした。そうやって立ち話をしている姿は、はたから見れば昔私がニガテだったママ集団に見えていたのでしょうね。今思えば、何を恐れていたのだろうと思います。

そして息子が小学校に入ると同時に県外へ引っ越したので、またもや誰一人「ママ友」のいない状況に。入学式のあとの説明会で、周りはみんな知り合いとなごやかに話している中、本当に誰一人知っている人がいないのでポツーンとしていました。

しかし、その後、なんとなくＰＴＡ役員を引きうけたり、子供がスポ少（スポーツ少年団）のサッカーチームに入ったのもあって、入学から1年経って気づけばけっこう知り合いができていました。

こんな人もいるので、焦って「ママ友作らなくちゃ」なんて思わなくても、普通にしていればいつの間にか知り合いはできるので大丈夫！

ママ友づきあいも
マイペースでだいじょうぶ！

ズ 社交ベタでもなんとかなる！

ママ友ができると、「社交」をすることになるわけですが、あまり積極的にママ友づきあいをしてこなかったせいで、私はいまだにはっきり言ってママ友社交においては初心者の域を出ていません。例えば、家にママ友が来た時のもてなし方がよく分からない。

めったにそんなことはないのですが、たまーに他のママさん宅に行くと、かわいらしい揃いのカップにこじゃれたお皿に盛られたお菓子がさりげなく出されていて、もてなしスキルの高さに舌を巻きます。うちなんか、マグカップは保育園の記念でもらった物や、息子が制作したもの、誰かにもらったものなどバラバラのカップ。**お皿は、夫が結婚する前に春のパン祭りでもらったあらいぐまラスカルのお皿を10年ぐらい使っています**（割れたら買い直そうと思っているのに、けっこう丈夫で割れないいんだこれが）。

ステキなもてなしを受けたり、雑誌でおもてなし上手のキラキラママを見るたびに憧れます。ずぼらでいいと言いながらも憧れることもあるんです、ええ。

おもてなしだけでなく、私の周りにいる社交ベテランママは細やかな気遣いが素晴らしい！　子供が鼻水を出したとか、走っていて転んだなど、困った時に必ず必要な物が四次元ポケットのように出てきたりします。絆創膏やウェットティッシュ、はさみや爪切りなどなど。

私なんて自分のハンカチすら持っていくのを忘れ、トイレで手を洗って自然乾燥させることが多々あります。

しかし、こんなずぼら母でも見よう見まねでやっているうちになんとかなるものですね。私も周りのママたちに学んで、数年前に比べたら少しは気遣いができるようになりました。

私みたいな不器用なママさん、安心してください。普通に考えられる範囲の人づきあいのマナーを守っていれば社交生活はなんとかなります！

ズ 他人のことにずぼらになる。人と比べない

思いかえせば20代から30代前半ぐらいまでの頃は、何かと人と比べてしまうクセがありました。若い頃は自分も周りの友達もこれからいろんな可能性が目の前に広がっています。だから、周りを見てはどの道に行こうか迷ったり、「私にだってそうなる権利がある！」とばかりに人が持っているものがうらやましくなって心おだやかでいられないんでしょうね。

まだ結婚もしていないからイケメンのお金持ちと結婚する可能性もないでもない、社会に出て間もないから、これからいろんな仕事を経験することもできる、などなど夢を見る余地がいっぱいあったんですね。

本当に周りの人のいろんなことがうらやましかった。

けっこう独身をこじらせていた私は、結婚してやさしい旦那さんとかわいい子供を持ってる人がうらやましかった。ふらふらと転職を繰りかえしていてお給料も安かったので、仕事で成功している人や、たくさん稼いでる人がうらやましかった。周りのそんな友人たちを見るたび「それに比べて自分は…」と落ちこんでいました。

しかし、人生も半分過ぎる頃になると、だいたい周りの友達も自分もある程度のところで落ちついてきて、気づけば人によってずいぶん持っている物や身を置いている環境が違うので、比べようがなくなるんですね。

若い頃のように無限に可能性が広がっているわけではなく、新しく手に入れられる物も限られてくるし、人と比べている時間がもったいない。「自分にはあれもない、これもない」と持っていない物を数えて憂鬱になるよりは、今持っている物に感謝して、**「これからもっと幸せになるためには、今持っている物をどうしたらいいのか？」**ということを考える方が効率的。

人のことにはずぼらになって自分の人生に集中すると、誰かのことを「うらやましくてたまらない！」なんて思っているのがいかに時間のムダかが分かるでしょう。

ズ 苦手な人とは無理してつきあわなくていい

子供の頃は**「誰とでも仲良くしなさい」**なんて学校なんかでよく言われたも

のです。

「1年生になったら友達100人できるかな」なんて歌もありました。あれは一種の洗脳（笑）。そういう道徳観を植え付けられて育った私たちは大人になっても「誰とでも仲良くしなければいけない」という思いこみを持っています。

私自身、自分の子供が小さい頃は「お友達と仲良くしなさい」なんて言っていました。


でも、ある日ふと思いました。

「それって無理があるな」と。


大人でも、どうしても気の合わない人や、なぜか会話がかみ合わない人、そんなにしゃべったこともないのになぜか**「この人ニガテ」**っていう人いますよね。たいていそんな時は相手も同じことを考えているんでしょうが、それってどちらが悪いわけでもない。よく「波長が合う」と言いますが、本当にそのとおりで、きっと自分と違う周波数を出しているのでお互いに理解できないんでしょうね。

確かに子供の頃は人生の経験値が少ないのでいろんな人と接することは大事だと思います。でも子供が「あいつとは気が合わない」と言っていたら「仲良くしなきゃダメだよ」とは言えません。最近では、「いろんな人がいるからね～」と言うようにしています。夫も基本的に同じ考えなので、子供には「どうしても気の合わないヤツとは距離をとれ」と言っています。

どんなに気が合わなくても無視するのはダメですが、挨拶と、話しかけられたら返答をするというごく普通の対応をしていれば、

無理に仲良くなろうとしなくてもいいんじゃないでしょうかね。

もちろん大人も同じ。というか、

大人こそ、今まで十分頑張ってきたんだから
もう好きにやっていいでしょう。

周波数の合わない人とはもう最低限のつきあいでオッケー。とりあえず挨拶だけちゃんとしておけばいい。仕事でどうしても話さなければいけない人には明るい挨拶と仕事の話だけでオッケー。

それ以上、何もいらない。
シンプルなのが一番です。

なんだか近くにいるだけでイライラする！　という人は自分の世界から追い出すのも手。とはいっても、意地悪してどこかに追いやるということではなくて、自分の心の中から追放するということです。

その方法を、実は電車の中で編みだしました。

ある日、電車の中で立っていて席が空いたので座ると、横に座ったおじさんが、何かを食べているのか口でくちゃくちゃという音をたてていて、その音が気になって仕方がありませんでした。だんだんイライラしてきたので思いきって席を立ち、外を見ていることにしました。

外はいい天気ですごく気持ちのいい日。車窓からの眺めは青い空に初夏の緑。その時に悟りました。同じ電車という空間の中でおじさんを見てイライラするのも、外を見てさわやかな気分になるのも自分の選択次第ということに。

そう、何を見るかは自分で選べるんですよね。どうせなら気分のいいことに焦点を合わせて暮らしたいものです。

ズ 社交辞令をやめる

昔から不思議に思っているんですが、社交辞令って、やっていて何かいいことあるんでしょうかね？　たまにいますよね、そんなに気もないのに「今度ランチしよう」とか「飲みに行きましょう」とか言う人。真に受けて「いつにしますか？」なんて言うとさりげなくかわされたりしてけっこう傷つくのでやめていただきたいです。

そういうのがイヤなので、私は昔からあまり社交辞令を言わない方ですが、それでもやっぱり相手に「気さくな人だと思われたい」という心理が働いて、つい社交辞令を言ってしまうことがありました。

しかし、本当はそんな気もないのに、つい「今度遊ぼうよ」なんて言ってしまうと、ものすごく「ウソついた感」があってなかなかのストレス。その割にその社交辞令が何か役に立っていたとは思えない。だいたい距離感で社交辞令かどうかなんて相手にもバレると思いますしね。

年賀状によくある、絶対に実現しない**「今年こそ会おうね」**はよくやっていました。でも、ある時突然、しらじらしい自分に嫌気がさして、その言葉を書くのは本当に時間を作って会いたい人限定にしようと思いました。そして、心にもない「会おうね」ぐらいしか書く事がない人にはいっそ出すのをやめることにしました。

SNSの「いいね」でも似たようなことがありますね。読んだ投稿すべてに「いいね」を押すという人もいますが、いいねの乱発は10億ジンバブエドルみたいでありがたみも感じません。

社交辞令、いっそのことやめてみましょう。
これこそエネルギーのムダづかい。
やめても意外と何も困らないですよ。

ズ 人にどう思われるかにずぼらになる。どうせ誰かには嫌われてる

「社交辞令をしない」にも共通していますが、人の顔色をうかがって気を遣って生きてみたところで、**周りの人みんなに好かれるって不可能**ですよね。頑張って明るく振るまってみたところで「あの人さわがしいよね」と言われて嫌がられるかもしれないし、おとなしくしていれば「あの人、何考えてるのか分からない」とか「やる気あるのか?」と言う人もいる。

思えば昔は一人で仕事を抱えこみすぎた時にも、「人に頼むなんて迷惑をかけるんじゃないか」という遠慮があってなかなか誰かに仕事を頼むということができませんでした。それで無理して引きうけて、結局キャパオーバーになり、ミスをして周りに迷惑をかけてしまったりしたこともあります。

ＰＴＡの役員の集まりなどでも、どう考えてもムダな集まりなので休んでしまおうかと思っても、「休むと何か言われるんじゃないか」と恐れて無理して出席してしまったりすることもありました。

しかし、そうやって周りに気を遣っても、無理をした結果ミスをしたら不満が出るだろうし、ＰＴＡの集まりに一度無理して出たところで、また次に休んだ時に何か言われるかもしれない。

そもそも、おそらく自分が思ってるほど周りは自分のことなんて気にしてない。

どうせ頑張っても誰かしらには嫌われる、または周りは誰も気にしないとしたら自分が心地よいことをやっていた方が幸せですよね。

たとえ嫌われたとしても、靴の中に画びょうを入れられるとか、家に宅配ピザ100人分送りつけられるとかされなければ別に実害はないですよね。

少しぐらい陰口を叩かれていても、
目の前で言われていなければ聞こえないので
言われていないのと同じ！
気にしない、気にしない！

ズ 夫に期待しないのが円満の秘訣。あきらめは大事

主婦が集まると必ずと言っていいほど話題にのぼるのが**「夫は家事に協力的かどうか」**というテーマ。うちは家事の割合がほぼ10対0、よく言って9対1ぐらいで私が担当なのですが、これを言うと多くの人に驚かれます。

親の時代は当たり前のことだったのでしょうが、話を聞くと友達の旦那さんたちはものすごく家事に協力的。「土日の料理は全部作ってくれる」とか「お風呂掃除は全部やってくれる」とか「お皿を洗ってくれる」とか、今どきの旦那さんは本当に素晴らしい！

しかし、この自分の状況を不満に思っているかといえば実はそうでもないんです。

それはなぜかといえば、家事以外のことをやってもらっていることに感謝し

ているから。

私は数字が壊滅的に弱いので、家計の管理やら、確定申告などをすべて夫にやってもらっています。それに私は機械オンチなのでパソコンや家電に関するトラブルなども夫の担当です。その代わり夫は基本的に家事が大嫌い。だから家事関係に関してはまったく期待していません。お皿なら私が洗った方が早いし、洗濯物を干すとかたたむとかはそんなに手間ではないし、料理を手抜きしても文句は言われないので仕事が忙しい時はめちゃくちゃ手抜き料理、または料理はしない。適材適所で家庭が成り立っているので不満はありません。

期待をしていないだけに、たまにちょっとお皿を洗ってくれただけで**「お皿を洗ってくれるなんてありがとう！」**夕食を作ってくれれば**「夕食を作ってくれてありがとう！」**とめちゃくちゃ感謝の気持ちが湧きます。家事をやってくれるのを前提で期待をしていたら「あれもしてくれない、これもしてくれない」と不満がたまるばかりでしょう。

友達の話を聞いたりして「それに比べてうちの旦那は！」と考えるとストレスがたまるので、ないものを嘆くのではなく、「何をしてもらっているか」にフォーカスしてそのことに感謝し、

それ以外のことをあきらめるととってもラクです。

ズ 人に理解してもらうことをあきらめる

「フリーランス」という労働形態は、昔と比べるとだいぶ一般的になってきたと思うのですが、ママ友界では、いまだに謎の人種のよう。

「家で好きな時に仕事ができる」というイメージから、ヒマな人だと思われて役員の仕事を頼まれてしまったりすることもあります。確かに時間の使い方は自由だし、昼間の会合にも参加できますが、その分、夜中に仕事をしなければならないということはおそらく誰も知りません。

でも、いちいち説明するのも面倒なので、もう、理解してもらうことをあきらめました。

そしてできない時は**「できません」**と断り、自衛することにしました。

翻訳者の場合、急に仕事が入ったり、素材（翻訳する映像や台本のこと）の到着が遅れてスケジュールがずれたりということは日常茶飯事。約束していたのに、急に「ゴメン！　仕事が入っちゃって！」とドタキャンしなくてはならなかったり、どうしても断るのが心苦しい場合は、そのために徹夜するハメになったりします。そんな感じなのであまり気軽にランチなどの約束ができないんですね。だから会うのは必然的に、こちらの事情を理解してくれる仲の良い人たちに限られます。

そういえば思いかえしてみると今までママ友とランチなんて数えるぐらいしかしたことありません。雑誌に出てくるような、ママ友達と社交を楽しむようなキラキラ・ライフとは無縁ですが、よけいな気遣いもしなくていいし、これはこれでけっこう気楽なものです。

それにママ友とお茶する時間があったら、普段はなかなか行けない自分の洋服の買い物に一人で行ったり（家族で買い物に行くと、たいてい家族の買い物で終わっちゃいますよね！）スタジオにこもってフラメンコの自主練をしたり、観たかった映画を一人で観に行きたい（こうやって見てみると、「ほんとに一人が好きなのね、私」とあらためて思いますが）。

結論を言うと、ママ友とのお茶とかランチとかしなくてもまったく困っていません。

たまに会ってちょっと雑談するぐらいで十分。自分のことをみんなに理解してもらおうなんて思う方が無理だし、分かってくれる人がほんの少しいれば、けっこう快適に暮らせるものです。

ズ おひとり様を恐れない

主婦のお悩みサイトを見ていた時に、**「授業参観などで一人でぽつんとなってしまいます。どうしたらいいでしょう？」**という悩みをたまに見かけますが、

むしろ「え？ ダメなの？ 気楽でいいじゃん」と思います。

基本的に、授業参観などに行く時、私はいつも単独行動です。もちろん知り合いがいれば話しますが、授業参観などはさっと行ってさっと帰ってくるのがベスト。おしゃべりに花を咲かせている人もいますが、だいたい仕事を抱えているのでできれば早く帰って仕事に戻りたいです。

「さびしい人だと思われたらどうしよう」と言いますが、おそらく多くの人は

誰がポツンとしているかなんて気にしていないでしょう。気にしている人がいるとしたら、きっと私のようなぼっち仲間。「ああ、あの人も仲間だな」という好意的な目なので安心してください。

私にとってはプライベートでも一人でいる時間は大事。みんなとワイワイやるのも好きですが、1週間ずっと人に会っているとものすごく疲れます。基本的に内向的な人間なんでしょうね。

世の中には外交的な人と内向的な人がいるそうです。一人でいるよりも、いつも誰かと一緒にいたいという人もいるようです。隙あらば一人になろうとする私にはまったく理解ができませんが（笑）。

世の中なんとなく外交的な人は明るくて内向的な人は暗いみたいなイメージがありますが、これぱっかりはどちらが良いという問題ではなく、単に**「充電方法の違い」**なのだそうです。外の世界の人や活動に惹かれて社会で活動することでエネルギーを充電する人と、自分の内部の思考や感情に惹かれて一人になることでエネルギーを充電する人がいるとか。

きっと2種類の人間がうまくバランスをとって社会が成りたっているんでしょうね。

雑誌を見ると、ママ友がいっぱいいて、ハロウィンにはホームパーティーをやるのが理想のママライフみたいな価値観を押しつけられてウンザリします。堂々とおひとり様を楽しみましょう！

ズ ずぼらになるとSNS疲れはない

よく「SNSを見ていると、人の投稿を見てうらやましくなってつらい」という声を聞きます。俗に言う**SNS疲れ**というやつ。特に気分が落ちこんでいる時に絶好調な人の投稿を見ると落ちこんだりしますよね。

また、人の投稿にいいねを付ける時も、「こないだいいねをもらったから返さなくちゃ悪いかな」とか妙な気遣いをして勝手に一人で疲れてしまう。いろんなことを気にしてしまう人はSNSにはあまり向いてないんでしょうね。私も以前はそうだったので、ものすごく気持ちが分かります。

しかし、逆にSNSを使って良い気分になる方法を編みだしました。

妙な気遣いはやめて、本当にいいねと思った投稿にしかいいねをしない！と決めます。なんなら「1日1いいね」しかしないというルールを自分に課す。

「その日のベスト・オブ・いいねにしか押さない！　どうしてもという時は2いいねまで」と決めると、たったひとつぽちっと押すだけなのにけっこう悩みます。でも、そうするとタイムラインには厳選された読んでいて心の底からいいねと思った投稿がずらっと並ぶので、それを見ているだけでもとても幸せな気持ちになります。

ずぼら力を身につけた今は、SNS見るのはけっこう好きです。

なんなら自分で発信するよりも人の投稿を見るのが好き。やじうま根性なのかもしれませんが、遠巻きにエンターテインメントとして見ていれば、リアルタイムで新しいネタが次々に更新されるSNSは最高のノンフィクション。あまり深く考えず、ゴシップ雑誌を見ているような軽い気持ちで眺めるのがコツです。

キラキラしている人の投稿を見た時には、自分と比較して落ちこんだり、「うらやましい、ムキー！」などとカッカせず、ずぼら力を発揮して適当に流し読みすれば、無料で楽しめるけっこういい娯楽だと思います。

ズ こだわりにずぼらになると人と衝突しない

「こだわりのある男」なんてキャッチフレーズをコマーシャルなんかで聞くとちょっとカッコいいなと思いますが、**こだわりがあればあるほど生きづらい**のではないでしょうか？

もっともこだわりが裏目に出るのが夫婦喧嘩かもしれません。

会社などでは自分なりのこだわりがあっても会社の方針や上司の意向に従わなければならないことも多いですが、夫婦の間では遠慮なく言いあえるし、お互いのこだわりが譲れないからぶつかるのでしょう。

しかし、我が家の場合は私も夫もあまりこだわりがないせいか、結婚して10年間、一度もケンカしたことがありません。と言うと、「ケンカしなくてストレスたまらない?!」と、けっこう驚かれるのですが、私にとってはケンカすることの方がストレス。

そもそも私は家庭の中で「ここは譲れない」というものがほとんどありません。線引きというか、「これ以下は譲れない」という最低ラインはありますよ。例えば、「家事はやらなくてもいいけど、子育てには参加してほしい」とか。

でも、たいていのことはどうでもいいと思っています。

どうでもいいというと無責任な感じがするのであれば、**「柔軟に対応してもいい」**というところでしょうか。

もう、すべてにおいてこだわりを持たない。例えばよく「夫が洗濯物をたたんでくれるけど、たたみ方が違ってイライラする」なんていう話を聞きますが、「たたみ方が違うぐらいいいじゃん、どうせたたんだ服は広げるんだし」と思います。たたんでくれるだけありがたい。洗ったお皿をしまう場所が違うとかも全然気になりません。まあ、それ以前に、夫が自主的に洗濯物をたたむとかお皿を洗うなんていうことはまずないですけどね。あははは…は、は。

育児にも特にこだわりはありません。子供同士でケンカをしようが、多少口のきき方が悪かろうが基本的には放っておきます。ただし、友達の気持ちを傷つけるとか、大人に暴言を吐くとか、どうしても許せないことをしたらこっぴどくしかります。そこは最低ライン。

子供の字がちょっと汚かろうがオッケー、とは言っても読めないことには文字の役割を果たしていないので、読めるかどうかが許容範囲のボーダーラインになります。

大事なのは最低ラインだけ。あとはだいたいOK！

特に、ママ友づきあいではずぼらなぐらいがちょうどいい。深入りしない、深く考えない。こだわりを持たず、周りの意見を聞きながらゆるゆるやっていると平和です。他人に対してずぼらになった方が人づきあいがラクになります。

たいていのことは
実は、どうでもいいことばかり
ゆるゆる気楽にいこう！

ズ 怒りにずぼらになった方が生きやすい

たまに、いろんなことに怒っている人がいます。よくあるのがお店の人の対応が良くないという人。でも、「そんなにいろいろ怒ってて疲れないかな?」と思います。

以前、友人とレストランに行って、料理の中に髪の毛が入っていた時、友人は怒りだして店長を呼んで文句を言っていました。その友人は飲食店に勤めていたので、サービスに関して厳しいのは分かりますが、その時、その場の空気はなんともいえないイヤ~な感じになって、食事も楽しめませんでした。

冷静に考えると、
これって誰が得をするのでしょうか?

強いて言えば文句を言ってスッキリした友人でしょうか。今後のためにお店にひとこと言うのは良いことだと思いますが、楽しめるはずの時間を返上してまで怒る必要はなかったんじゃないのかなあ、とけっこうモヤモヤしたものです。

PTAの役員をやっていると、**「あの人は役員から逃げててズルい！」**とか、**「あの人は仕事量が少なくてズルい！」**とぷんすか怒っているママさんがいますが、私はもう「できる人がやればいいじゃーん」と思います。

だいたい、専業主婦がほとんどだった時代とほぼ変わってない内容の役員仕事は無理があると思うんですよね。本当に仕事が忙しくて参加できない人もいるでしょうし、「あの人は…」とか言いだすとキリがありません。

もう、これは参加できない人が悪いんじゃなくてシステムが悪い！

どうしても許せないなら自分でシステムを変えようとするべきだし、それができないならよけいなことで怒ってないで仕事をこなすことに集中すればいい。

「別にそれぐらいいいじゃーん」と思えば気がラクです。怒るのってけっこうパワー使いますよね。子供の身に危険が及ぶとか、どうしてもここは主張しておかなければいけないという、ここぞという時は怒るべきだと思いますが、店のサービスが悪いとか、あのママさんが役員やらないなんて、

よく考えてみればけっこうどうでもいいこと。だいたいの場合は「ま、いっか」で済みます。

どうでもいいことで必要以上に怒るのはエネルギーのムダ使いです。

4章

【仕事編】

ずぼら力で家事のハードルを下げて両立!

第４章【仕事編】ずぼら力で家事のハードルを下げて両立！

ズ 仕事以外のことにずぼらになる

ずぼらといっても、仕事自体はしっかりやりましょう。私生活ではずぼらな私でも、意外と仕事はきっちりやる方です。仕事自体がずぼらだと特にフリーランスは死活問題ですからね。でも、必要以上に仕事のことを考えない、悩みすぎないという意味でずぼら力は大事です。

「仕事のことが頭から離れなくて夢にまで出てくる」なんていう人はぜひずぼら力を身につけることをおすすめします。同業者でも、「夢の中まで翻訳している内容が出てきてうなされた」という人もいますが、私はほとんど仕事の夢を見ません。唯一、大のニガテなゾンビ映画の吹替えを担当した時に夢の中でゾンビに追いかけられてうなされる、ということはありましたが…。

特にフリーランスの場合、仕事の場と生活の場が同じなので、気持ちを切り替えないと四六時中仕事のことを考えることになってツラいのです。会社勤めの人は比較的やりやすいかもしれませんね。就業時間内に終わらせる！と決めて集中し、会社から一歩出たらいっさい仕事のことは忘れる！

会社員時代はずっとそうしていましたが、フリーランスとなった今は、例えば「6時までに絶対ここまで終わらせる！」と決め、6時すぎたらもう仕事のことは考えない、というふうに切り替えをしています。時間制限を設けると集中できて効率的です。

仕事中は集中して、仕事が終わったらずぼらになる。
このオン、オフの切り替えが大事です。

同業者の話を聞いていると、「仕事になるとちゃんとやるけど、仕事以外のプライベートではまったくダメ人間」と自称している人たちも少なくありません。もう仕事の場以外では思いっきり気を抜くとストレスがたまりません。

仕事はお金も発生するし、ミスしたらお客さんに迷惑がかかることなので、ずぼらな私でも、意外と仕事の時は気を張ってやっています。でも、**仕事以外のことってけっこう気を抜いてもなんとかなる**んですよね。家を掃除してなかろうが、洗濯物を取り込み忘れようが、買い物に行ってなくて冷蔵庫の中がすっからかんになろうが、なんとかなるもの。

特に気を張る仕事をしている時は、「仕事を頑張っているんだからこれぐらい家事は手を抜いてもよし！」と自分にオッケーを出します。

手を抜いても意外と家族は気にしていなかったりするんです。

「あれもこれも頑張らなくちゃ！」と自分に重荷を課していたのは自分自身かもしれませんよ。その荷物、下ろしちゃってもけっこう大丈夫！

そうざい
出来合いのおかず
案の定、ばれてない…

ズ 完ぺきにやろうとしない。優先順位をつける

働く母をやっていると、仕事だけをしているわけにはいきません。子供の宿題も見てやらないといけないし、家族の食事も作らないといけないし、洗濯や掃除もしないといけない。

私のようなフリーランスは家で仕事ができるというのがメリットでもあり、デメリット。家＝職場でもあるので、仕事が切羽詰まってくると、もろに家が荒れます。

仕事の納期が近づくと、それはもう仕事以外のことはすべて後回し。公共料金の支払いも、掃除も、クリーニングを取りに行くのもほったらかして髪を振り乱して仕事をしています。

子供には「やることはさっさとやりなさい！」とか言ってるんですけどね（笑）。ここは大人の特権です。

「ほったらかして」とは言うものの、主婦である以上、やっぱり完全にほったらかすわけにはいきません。

だから、いかに最低限の労力で、許される最低限の家事をするか、知恵を絞ります。

例えば、ちゃんと掃除するわけじゃないけど、あまりにホコリや髪の毛が落ちてるのも気持ち悪いので見えるところだけ掃除機をかける。食事作りにも時間をかけない。あとの家事編で詳しく説明しますが、私は忙しさの度合に応じて何パターンか献立を考えています。

時間的に余裕がある順から、カレー→丼もの→買ってきたお弁当という感じです。

一番余裕のあるときでカレーというのがお恥ずかしいですが。よく「忙しいママの時短術！　休日には夕食の作りおきを」などと本に書いてありますが、よく**「ちっとも時短じゃない！」**と憤慨しています。だって作り置きする時間すらないから。

働く母はやることがたくさんあります。仕事に子育てに家事。私にとって基本的な優先順位は「子供∨仕事∨家事」ですが、気の張る順位は「仕事∨子供∨家事」。子育てと家事はどれぐらいやるかは完全に自分で決められますからね。手をかけようと思えばいくらでもかけられるし、逆にけっこう手を抜いても大丈夫。中でも一番ずぼらがまかり通るのが家事といえるでしょう。

何に力を入れるか決めるのは自分次第。あれもこれもと頑張らずに、力を入れるところは入れて、それ以外は「最低限の役割を果たす」というふうに考えると負担が軽くなります。

ズ 仕事に関しては自分の感情にずぼらになる。感情のスイッチを切ってやるべきことに集中

気の重い仕事ってありますよね。「ああ〜、あれやらなきゃいけないのか、明日会社に行きたくないな」とか、「明日、PTAの役員会に出なきゃいけないのか。めんどくさいな〜」なんていう時。でも、そんな時は、**感情のスイッチを切って、「やるべきこと」だけを考える**のがおすすめです。

よくスピリチュアルの世界では、「自分の気持ちを大事にして、いつも気分が良くなることをしよう」といわれていますが、「自分の気持ちに素直になるんでしょ、仕事やりたくないから会社行かない」というのは違うと思うんです。どんなにイヤだといっても、心の底ではやらなくてはいけないことは分かっている。それなのに逃げてしまうことは、本当に自分の気分が良いとはいえないですよね。

気が重い仕事に向かう時、例えば電車の中で「あ〜、イヤだなあ、行きたくないなあ」などと、つい心の中でつぶやいてしまいます。しかし、そんな時はもう**「イヤだ」とか「気が重い」などの感情のスイッチを一切切ってしまう**ことです。「やらなくてはならないこと」が目の前にあるのはただの事実。それを「イヤだ」と思うか「楽しみだ」と思うかはその人の感情次第です。

無理やり「た、楽しみだなー！」なんて気分を盛りあげる必要はありません。

その気が重い仕事をやるその時が来る前までは、ただひたすら**心を「無」**にします。そしてその仕事をこなすことに集中する。終わってみると、あら不思議、意外とうまくいったり、楽しかったとさえ思えることも少なくないはず。自分の感情にずぼらになるのは大事です。

ズ やる気のない時はハードルを下げる

どうしても仕事をやる気のない日ってありますよね。そんな日は自分のハードルをおもいっきり下げて、**「今日はこれをやっただけでも上出来！」**と自分に合格点をあげてみてはどうでしょうか？

会社勤めの頃、どうしてもやる気の出ない日は、「今日は会社に来ただけでオッケー」と自分の中で設定していました。「もう最低限の労力しか使わない」と決め、いかに最低限の労力で1日を乗り切るかを知恵を絞って考えるという、前向きだか後ろ向きだかわからない戦法。どうしてもやらなければならないことをリストアップして優先順位を決め、最優先のことはやり、翌日に延ばせるものは延ばす、単純作業などなるべく労力の少ない仕事をやるようにするのです。

4章

主婦業なら、どうしても家事をやる気のない日は、もう最低限のことしかしない。どんなにやる気がなくても家族の食事は用意しないといけないわけですが、それもどうしたら最低限の労力でこなせるか考えます。お惣菜を買ってくるもよし、ご飯だけ炊いて刺身を乗っけるもよし、野菜不足だと思ったらトマトのざく切りを添えれば完ぺき。

1日ぐらい節電モードで最低限のことしかしなくても、誰も困りません。

しかも、家族のために知恵を絞ってるんだから、ただ怠けているのとは違います。だから大丈夫！「こんな気分なのにサボらずに家事してる自分ってエラい！」ぐらいに思うのがコツです。

ズ 過去や未来にずぼらになる。反省は必要だけど自己否定はしない

昔のことをふと思い出して、**「あの時、ああしていれば今ごろ！」**と頭をかきむしりたくなったり、未来のことを**「うまくできるだろうか」**なんて思い悩むことありますよね。でも、よく考えると、

本当にムダなことをしているのだと最近気づきました。

だって過去も未来も実際に目の前にはないただの概念であって、あるのは今、この瞬間だけ。だからもう過ぎさってしまった過去のことや、まだ起きてもいない未来のことを思い悩んでいるヒマがあったら今のことに集中した方がいいですよね。

だからと言って、「失敗したことなんて忘れちゃうもんね～」という方向にずぼらだと進歩はありません。**過去の失敗に学ぶことはとても大事。**過去の失敗は存分に反省して、どこが悪かったのかをとことん考えて次に生かすのが正解です。ただその際、「失敗しちゃって私ってばダメだな」という自己否定は不要です。ただただ振りかえればいいだけです。

ズ 休めるときには堂々と休もう

フリーランスあるあるのひとつに「休みたいと思っていたはずなのに仕事が途切れると不安になってゆっくり休めない」というのがあります。

昔は仕事が途切れた時に、周りで忙しそうにしている同業者を見ると「こんな休んでる場合じゃないのでは？」と不安感をあおられることもありました。でも休める環境にあるなら休んで、あえて隙間時間を作ることはとても大事です。

日々、忙しさに追われていると他のことを考えるゆとりがありません。翻訳者たるもの、徹夜が当たり前！　とか1日3時間しか寝ない！　とか床の上で仮眠のみで仕事する！　というツワモノがけっこういます。そういう人の話を聞いていると、「自分はまだまだ甘いんじゃないか」という焦りが出てきて、1日3時間睡眠で仕事をするとか、夜の9時頃に一度子供と一緒に寝て、夜中に起きて朝まで仕事をするという生活をしていたこともあります。

しかし、だんだん仕事をやる気がなくなってきて、ただひたすら来る仕事を追われるようにこなすだけになっていきました。もともと映画やドラマが好きで始めた仕事なのに映画を観に行く時間もドラマを観る時間すらない。それが当たり前の生活になっていましたが、ふと気づくと、仕事が楽しくない！

仕事で切羽詰まってくると、子供に対して普段は流せるようなことにもイライラして必要以上に怒ってしまったりして、子供に「やつあたりだ！」と言われることもありました。

仕事を楽しめなくなったり、必要以上にイライラしはじめたら生活パターンを見直す時期かもしれません。

日々、忙しさに追われていると、「これからどうしていきたいか」という先のことを考える余裕もなくなります。以前は「来る仕事は断らない」というスタンスで馬車馬のように仕事をしていましたが、最近はできる限りゆとりのあるスケジュールにして、意識して休みをとるようにしています。

急に仕事を減らしてしまうことに不安を感じましたが、思いきって減らしてみたところ、なぜかその分、割の良い仕事が入ってきたりして意外と収入が減ることもなく、何も困りません。「今まであれほどがむしゃらに仕事を詰めこんでいたのは何だったのか！」という感じ。

ゆとりがあると、新たにやりたいことのアイデアも浮かんだりいいことづくめ。私は根が貧乏性なので、「仕事しないと損」みたいな気がしましたが、思いきって休むとそれ以上のリターンがくるものです。

周りでばりばりと仕事をこなしている人を見ると、**「私の頑張りが足りないんじゃないか」**と焦りを感じるかもしれません。

私の周りでも、子供を3人育てながら仕事して、PTAの役員もやって、地域の役員もやってという人がいます。そういう人を見ると、子供一人育てるだけでひーひー言ってる私は「気合いが足りないんじゃないか？」と思ってしまったこともありました。でも、人それぞれキャパシティも持っている能力も違うので、こればかりは比べてもどうしようもありません。

ここは自分の心に聞くしかありません。

例えば専業主婦の人が、「仕事してないのに子供を一時保育に預けて息抜きな

んてしていいのかしら？」と思うこともあるかもしれませんが、

いいんです！　自分のキャパシティがいっぱいだと思ったら遠慮なく息抜きするべき。

それに対して「私は誰にも頼らないでやってきたのに」なんて言う人には**「だから何？」**と無視しましょう。「私も苦労したんだからあなたも苦労しろ」って気持ち悪い発想ですよね。**「あなたはそうでしょうけど私はいいんです〜」**と開きなおるぐらいのずぼらさが必要です。

ズ やりたくないことは無理にやらない

先日、翻訳仲間で飲んでいた時に、「仕事以外ではできるだけ気を遣いたくないんだよね〜」という話が出て、心の底から共感しました。ある友人は、家の掃除をするのが大嫌いなので、思いきって業者に頼んで月に何回か掃除してもらうのだそう。セレブでもないのに掃除を業者に頼むのに最初は抵抗があったそうですが、「大嫌いな掃除をしている時間に仕事もできるし、それで稼げるなら高くはない」という考えを聞いて妙に納得しました。

仕事や子育てなどで力を入れたい部分に力を注ぐために、**その他の部分では徹底してラクをするというのはアリ**だと思います。どんなに頑張っても体はひとつしかないわけで、どうでもいいところでムダなエネルギーを使うのはもったいない。

こう思うに至ったのは、昨年、ＰＴＡの役員と息子のサッカーチームの役員をダブルで引きうけてしまい、いろいろと心の葛藤があったからです。なんとかストレスを減らすにはどうしたらいいかと真剣に考えてみました。

例えば私の場合、まずサッカーチームの役員仕事の中で、チームの集金やら備品の購入やらにかかるお金の管理をしなければならないのが一番のストレスでした。何を隠そう、私は家の家計簿すらろくにつけられないほどお金の管理がニガテ。なにしろ高校生の頃、算数のテストで漫画の世界でしか見たことのない0点をリアルに取ってしまうほど、のび太並みに数字に弱いのです。どんぶり勘定をしていて他のお母さんから「ずさんすぎる」と指摘され、「私ってなんてダメなんだ！」と自分を責めたりしていましたが、いっそのこと開きなおってあきらめることに。数字に強いデキルお母さんに思いきって会計の仕事をやってくれないかと頼んでみると、あっさりと快く引きうけてくれました。私にとって会計なんて苦行以外の何物でもないので、そんなことを引きうけてくれる彼女が仏にしか見えませんでしたが、彼女に聞いてみると「計算が好きなのでまったく苦にならない」とのこと。帳簿の数字をぴったり合わせることに喜びを感じるそうなのです。

人には得意不得意があります。自分の「担当」が何なのかを知っておくことは大事。

そして、人生何十年もやっていて、どうしても苦手なことって、もう克服しようなんて思わなくていい、頼れる時はもう周りの人に頼ればいいんじゃないでしょうか。

しかし、果たして「そうやっていつも人に甘えてばかりでいいのか？」というギモンが湧いてくることと思います。いくらずぼらといえども甘えてばかりなのは心苦しいし、そこで心苦しくならないのはただの無神経ですよね。

ずぼらといえども得意分野は何かあるはず。

苦手なことを誰かにお願いしたぶん、自分の得意なことはちょっと頑張って人のために貢献する。仕事が忙しい時に助けてもらった場合は、今度は自分にゆとりがある時に忙しい人を手伝ってあげるなど、必ずしも助けてもらった人に直接恩を返すのではなく、いわゆる「恩送り」で人にしてもらった恩を世の中に返せばいいんじゃないでしょうか。

例えば私の場合は数字が壊滅的に弱いかわりに文書を作るのがけっこう好きなので、今度は子供会の役員をやった時に文書作成を引きうけました。たぶん文書を作るのが苦だという人もいるでしょうが、まったく平気。確かに得意な仕事はあまり苦にならないんですよね。

ずぼらになるとは「周りの人を信じて感謝することでもある」と書きました

が、こうしてみんなそれぞれストレスをためず、自分の能力を生かして恩を送りあえば平和な世の中になるんじゃないでしょうか。**「ずぼらが世界を救う！」**みたいになってしまいましたね（笑）。

ズ やらなきゃいけないという思い込みを外す

「母親たるもの○○しなければならない」という世間の常識、いろいろありますよね。

よく耳にするのが、**「母親はガマンして子供のために尽くすべき」**という呪縛。直接誰かに言われたわけではなくても、いつの間にか自分の意識の中に刷りこまれて、「○○しなければ」と思いこみ、それが負担になっていることはないでしょうか。

小学校に入ると、授業参観が年に何回もあったり、運動会に丸1日費やされたり、意外と親が学校に行く行事が多くて、正直言って学校行事に行くのが面倒くさいことがあります。こんなことを言うと「母親としてどうなの?」と言われてしまいそう…と思いこんでいましたが、それをあえてぶち破ってみました。

先日は息子の授業参観だったんですが「授業参観はちゃんと見てあげなければならない」という思い込みを解除！　その日は仕事が立てこんでいるなか強行スケジュールで授業参観を見に行ったんですが、道徳の授業で、はっきり言って授業がかなりつまらない…。息子もつまらなそう〜にしていました。15分ぐらい見たところで「もういいや」と思ったんですが、「そんな理由で授業参観を抜けるなんてダメ親なのかも。第一、途中で抜けたら子供が悲しむだろうし…」と思いましたが思いきって帰ることに。子供が帰ってきてから「なんで途中で帰ったの?!」なんて責められるかと思いましたが、案外子供はなんにも気にしてないようで、心配して損しました。

学校行事だけでなく、**「母親だからやりたいことがあってもガマンすべき」「行きたいところがあっても出かけるのはガマンすべき」**なんていう思い込みもありますね。

私は子供がまだ6カ月ぐらいの頃から、夫に子供を預けて趣味でやっているフラメンコのレッスンを再開しました。けっこう遠くの教室に通っていたので半日ぐらい家を空けるわけですが、その間、子供が何をやっても泣きやまなくてすごく大変だったといまだに言われますけどね（笑）。

でも、出産後2カ月で仕事に復帰して、仕事と育児を両立させるのにヘトヘトになっていた私にとって週に1度のレッスンはかけがえのないリフレッシュの時間でした。夫に任せて大丈夫かな？　とか、半日も見ていてもらうのは悪いな？　とも思いましたが、思いきって頼んでみて良かったです。夫に子育ての苦労を知ってもらうにもいい機会だったと思います。

「○○しなきゃいけない！」と自分に足かせをはめていたのは、「○○しなかったら人にどう見られるだろうか？」という不毛な気遣いや「母親としてどうなの？」という自分自身の勝手な思い込みだったのでしょう。

でも、自由にやっても、意外となんとかなるものです。

母親になってもやりたいことがあったらやればいいし、やりたくないことがあったらやらなくてもいい。もっと自由になっていいんじゃないでしょうか。

ズ 役員仕事はこう考える

母親業をやっている以上、避けて通れない仕事、それは**「役員」**。これは子育ての**「聞いてないよー！」**という部分でした。子供が小学校に上がると本当にいろんな役員があってビックリしました。ＰＴＡにスポーツ少年団に子供会、自治会などなど。

子供が保育園の時、「一番の働き時は子供が保育園の時」というのをよく聞いていたんですが、「小学校の方が子供の手もかからないのになんでだろ？」と思っていました。なるほど、こういうことだったんですねえ。

ＰＴＡの場合、多くは**「子供一人につき1回」**という掟があります。うちは一人っ子なので1回で済みますが、周りの3人子供がいるお母さんたちは3回やっている人も多く、心の底から尊敬します。

息子が2年生の時、ＰＴＡの役員決め独特の、「立候補する方いませんか」「シーン…」というあの空気の重さに耐えきれず、つい立候補してしまいました。

その時には、「もう、新しい会社に転職したと思おう」と腹をくくりました（お給料は出ないけど）。引きうけたからには責任が発生するのは仕事と同じですからね。そこはずぼらでもやらねばならないところ。

ただし、ニガテなことはしない、そして無理はしない。
いかに最低限の労力で乗りきるか知恵を絞りました。

しかし、何かとマイナスイメージのあるＰＴＡの役員ですが、実際にやってみて良いこともたくさんありました。そこで発想を変えて**役員仕事を思いっきりポジティブに考えてみたい**と思います。

うちは息子が1年生になるタイミングで今住んでいるところに引っ越してきたので、周りに誰一人知り合いのいない状況でした。でも、役員をやったおかげで知り合いが増えて、いろんな情報が入ってくるようになったのは大きなメリットです。

そして役員を引きうけて何より良かったと思うのは、「人に感謝される」ということ。その年はＰＴＡの役員と息子のサッカーチームの役員の両方を引きうけたんですが、おそらく今までの人生で最もたくさん人に「ありがとう」と言われた年でした。なんだか徳を積めた気がします。これで来世に虫に生まれかわったりすることはないでしょう（笑）。

私は根っからのズボラでおっちょこちょいなので、今までの人生、いろんな人に助けてもらいました。でも、だいたい周りの人が自分よりもデキる人なので、どうやってその恩返しをしたらよいか分からず、そうこうしているうちに転職や引っ越しなどで環境が離れて、恩返しする機会がなくなってしまうなんていうことが今まで多々ありました。

しかし、「恩送り」という言葉があります。恩返しは特定の人にお世話になった人に直接お返しすることですが、恩送りは恩を受けた相手に返すのではなく、他の誰かに恩を送っていくこと。この1年で今まで周りの人に受けた恩をすべて返しきれるはずもありませんが、少しは返せたのかな、なんて思います。

PTAの役員に限らず、面倒くさい仕事を引きうけた時、
恩送りだと思えば、
モチベーションも上がるのではないでしょうか。

ズ 不本意な仕事はこう考えて乗りきる

ＰＴＡの役員は、終わってみると良い思い出ですが、実際にやっている間はいろいろとモンモンとすることが多々ありました。そんな時、整体師をやっている友人が主催する、心と体の健康を保つという趣旨の勉強会に参加しました。そこで**「不本意な仕事を乗りきる方法」**を見つけたので紹介しようと思います。今、役員仕事でモンモンとしている人、気が進まないけどやらないわけにはいかない仕事を抱えている人の心の在り方のヒントになればと思います。

その日の**テーマは「自分のご機嫌をうかがう」**でした。健康の専門家である整体師の友人が言うには、「体の不調は身体だけでなく心からも影響してきている。心の健康を保つにはいつも良い気分でいることが必要、そのためには自分のご機嫌をうかがって、どうしたら心地よくなれるかを考えることが大事」だそう。

そこで3つの質問をされました。
まず自分はどういう時に心地いいと思うか？
逆にどんな時が心地よくないか？
そういう時にどういう考え方をしたら心地よくなるか？

どんな時に心地がいいと思うか？　という質問の答えは、お風呂に入ってる時、納品明けにビールを飲んでる時、とかいろいろ出てくるのですが、「どんな時に心地よくないか」の質問に対しては、即座に「PTAの会合の時」という答えが出てきました。

当時の私は、PTAの役員を引きうけたばかりでいろいろとモンモンとしていました。ムダな話し合いが多いとか、たいして仕事もないのに会議に呼びだされるとか納得がいっていない部分が多く、会議の日は本当に憂鬱な気分になっていました。

「いつも心地よくいることが大事」という話を聞いて、ひとつ疑問が湧きました。

「心地よくないからといって、会議をすっぽかしていいものか？」

では、「ＰＴＡの集まりをどうして休んではいけないと思うのか？」という友人の問いに対する私の答えは**「周りの人に悪く思われたくないから」**。ここに問題があることを発見。できるだけ人に嫌われたくないと思っている私は、つい周りの顔色をうかがってしまったり、言いたいことを飲みこんだりすることが多々ありました。

でも、どれだけ自分が気を遣ったつもりでも、１００％の人に好かれるというのは絶対に無理なことで、必ず誰かしらには嫌われているんですよね。気を遣って疲れても、自由にやっていても誰かしらに嫌われているということは、ヘンに気を遣うだけ損！　ということに気づきました。

そして「気分が乗らない会議をすっぽかしてもいいものか？」という私のギモンに、友人が見事に答えてくれました。

「基準は良心。自分の良心がとがめなければ、自分にとって心地いい状況を選んで大丈夫。」

例えば仕事が忙しい時に、あきらかにムダな会議に呼びだされたら休んでも良心はとがめないので、ここは誰になんと言われようが会議を休んでもＯＫ。人手が足りなくて忙しい時に休んだら良心がとがめるのでここは行くべし、と解決策が見えてきました。つまり、**「その時できる範囲で一番心地いい状態を選ぶ」**ということなんでしょうね。

イヤだからといって逃げることができない場合は、あとは発想を変えるしかありません。

「ＰＴＡ活動があるという事態はただの事実であって、それをイヤだと思うか楽しむかは自分次第」というアドバイスをもらって納得！　これはＰＴＡ以外にも応用が利きそうです。もう、この日は自分のＰＴＡの話が止まりませんでした。よっぽど納得がいってなかったんでしょうね（笑）。実りの多い勉強会でした。

子育てをしていると、自分はやりたくないけど、子供はやりたがってるからつきあわなければいけない、どうしてもやらなきゃいけないということがけっこうあります。

ＰＴＡの役員仕事とか子供絡みの集まりとか。いくら「自分のご機嫌をうかがう」とはいっても、**「そこで行かないのは絶対にナシでしょ」**というシチュエーション。

そういう場合はなるべく自分がラクになれるよう発想を変えてずぼらスイッチオン！

いかに労力をかけずに乗り切るか知恵を絞りましょう。気が乗らない集まりに行かなければならないとしたら、「参加すればオッケー。それ以上はなにひとつ気を遣わなくていい」と決めるとか、「行くからにはとにかく楽しむことに徹してよけいなことはしない」と考えるとか。どうしても逃げられない場合は、とにかくハードルを一番低い位置まで下げるのがポイントです。

参加したのだからOK！
ラクになれる線引きを

5章

【家事編】

ずぼら料理のつもりが、子供が大喜び!

第5章【家事編】ずぼら料理のつもりが、子供が大喜び！

ズ 明日できることを今日するな

子供の頃、よく親に「今日できることを明日に延ばすな」と言われたものです。

そう言われながらも、今日できることを明日に延ばしまくったあげく、夏休みの宿題は結局ラスト1週間でやるタイプの子供でしたが…。基本的に「なんだかんだ言っても最後で帳尻合わせてやればいいんでしょ」という考えで生きてきましたが、今までなんとかなっています。
特に、家事は仕事と違ってちょっとやることを先延ばししたところで誰が困るわけでもありません。夕食のお皿が洗い桶の中に残っていようが、洗濯物を多少ためてしまおうが、何か害があるわけでもない（洗濯物は着るものがなくなって困るということがあるかもしれませんが…）。

だから私のモットーは、「明日できることを今日するな」。

もちろんできる気力がある時はその日のうちにやったほうが良いでしょうが、夕飯の時に晩酌したらお皿を洗う気力がなくなってしまったなんていう時は明日まで置いておきましょう！　１日置いておいたぐらいでお皿はカビたりしませんから。
洗濯機を回す気力がなかったら明日でオッケー！（ただし着る物が残っているかどうかのチェックを忘れずに。まあ、万が一残っていなくても、翌朝、洗

濯籠の中から拾いあげて着ていくことができます）

部屋の掃除をしようと思っても、疲れていてやる気が出ない時もあります。それでも大丈夫。ちょっとやそっと掃除しないぐらいでは有害な菌が発生するとかありません！

明日できることは迷わず明日やりましょう！

働く母の3本柱である仕事、育児、家事のうち、家事はもっとも優先順位が低いものだと言えます。仕事はお客さんがいることなので期日を守らなければならないことも多いし、子育ては子供の都合もあるので完全に自由とはいきません。でも家事に関してはどこまでやるかは完全に主婦の裁量に任されているので、仕事と家事と育児と両立が大変だと思ったら、**まず削るのは家事がおすすめです**。基本的に家事については、健康に害が及ばない程度を保てばいくらでもずぼらになれます。

ず ずぼら料理のレパートリーを増やす

今さらですが、毎日の食事を作るって本当に大変ですよね。当たり前に主婦の普通の仕事みたいになっていますが、よくよく考えるとこれってすごい労力ですよ。独身の頃は「毎日毎日、家族のために献立を考えて何品も作るなんて主婦ってなんてすごいことをやってるのだ！　私にはとても無理」と思ったものです。

まあ、実際に主婦になってみると何品もなんて作ってないんですが…。それでも特に仕事が立てこんでいる時など、毎日献立を考えるのに嫌気がさす時があります。

主婦向けの雑誌やテレビなどで、よく「忙しいママのための時短テク！」なんていう特集が組まれています。しかし、よく読んでみると内容は「1週間分の作り置きレシピ」だったりして、

「その作り置きをする時間がないんじゃい！」とキレそうになります。

そんな素敵ママの時短テクは、ずぼらな私にとっては面倒すぎました。そこで忙しさのランクに応じてずぼら献立のレパートリーを考えておくことに。なるべく手をかけず、かつ野菜か果物でビタミンを補給できるように考えてあります。その例を紹介しましょう。かなりリアルです（笑）。

＊忙しさレベルC——特に追い込まれていない通常期（でも疲れ気味）

【火を使った料理ができるレベル】

カレー、ハヤシライス（もちろんルー使用）にサラダ

親子丼に味噌汁

シチューにお惣菜の白身魚フライ、生野菜を添える

おでんにほうれん草ソテーを添える

＊忙しさレベルB――予定どおりに仕事が進まない時など

【極力火を使わない料理にしたいレベル】

マグロ丼

ちらし寿司（素を使用）、インスタントみそ汁、冷奴を添える

冷やし中華

焼き魚、味噌汁、ごはん、納豆（朝食のような夕食）

そうめんに出来合いの天ぷら

＊忙しさレベルA――納品前日など、切羽詰まった時

【ほぼ料理するヒマがないレベル】

出来合いのお弁当にキウイ、リンゴ、イチゴなどビタミンが多そうなフルーツ、またはトマトのざく切りを添える

レトルトカレーに出来合いのコロッケ、生野菜

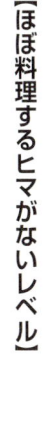

ちなみに冬は週3回は鍋が登場することもあります。今はいろんな鍋つゆが売っているし、野菜をたくさん食べられるし鍋は最強メニュー。しかし暖かくなってくると鍋つゆの種類が激減してしまうのが難点。ぜひとも1年中いろんな鍋つゆを売ってほしいとスーパーにリクエストしたいところです。

ズ 料理の手間と家族の満足度は比例しない

コロッケや天ぷらなどはいつも出来合いのものを買ってくるのですが、ふと気が向いて作ってみたことがあります。

そういえば何かの記事で見た**「作るのが面倒くさい家庭料理ランキング」**では、コロッケがダントツの1位でした。コメントには「材料と手間を考えると買ってきた方が安いし早い。手作りする意味が分からない」とか「私はたぶん、一生コロッケを作ることはないと思います」と宣言している人もいて、「私だけじゃない」とほっとしました。そして、実際に作ってみると、やっぱり面倒くさい。しかも、鍋にフライパンに、溶き卵入れる器に、パン粉入れる皿…と**「たかがコロッケにどんだけ世話焼かせるんじゃい！」**というほど洗い物も多いし。

でも、久々の手作りコロッケはほっこりした口当たりで、出来合いのお惣菜にはないものだと私は大満足でしたが、当時4歳ぐらいだった息子はなんと残しやがりました。挙句の果てに「クリームコロッケが食べたい」とか言いだして、「あの苦労は何だったの…」とがっくりと膝をつきそうになりました。料理にかけた手間と子供の喜ぶ顔は必ずしも比例するわけではないんですよね。

疲れてムッツリしているお母さんが作る手のこんだ料理よりも、機嫌のいいお母さんの手抜き料理の方が子供もきっと喜ぶはずです。

ズ 手作り料理をあきらめる

コロッケの例で明らかになったように、子供は気合を入れて作った料理よりも**レトルト食品**や**インスタント食品**が好きだったりします。

息子が赤ちゃんの頃、初めは育児書に載っているレシピを参考にほうれん草をゆでて潰して…とかやっていましたが、ベビー用品売り場に行くとそれはもういろんなレトルトの離乳食が出ているんですよね。しかも、鮭のクリームシチューとか、魚と野菜の親子丼とか、自分には絶対にできないようなおいしそうな品ぞろえ。いくつか買って息子にあげてみると食べること食べること。離乳食をあまり食べないことに悩んでいたのがウソのようによく食べているのを見た瞬間、

手作りにこだわることを放棄しました。

小学生になった今はますますジャンクフード好きに。小学生男子は駄菓子とかインスタント食品とか好きですよね。夫が飲み会でいない時の夕食などはこぞとばかりに手抜きするわけですが、子供に「何食べたい？」と聞くと**「カップラーメン」**などと言います。

さすがに私でも普段の夕食でカップラーメンということはやりませんが、この時ばかりはオッケー。いくらずぼらといえども、基本的には子供に栄養があるものを食べさせたいと思っています。でも、たまには思いっきり手抜きしてピザの宅配を頼むもよし、マックのハンバーガーとポテトでもよし。頑張って料理して疲れているより、

子供と楽しくご飯が食べられるなら、その方が価値があると思っています。

子供もジャンクな物食べられてうれしそうだし。

あまりに仕事が立てこんでいる時は、手抜きが数日続いてしまうこともあります。さすがに「こんなんでいいのかな？」と弱気になることがありますが、子育てをしている同業者は、納品前はけっこう似たような状況だったりするようで、先輩翻訳者のひとことに救われました。

それは「栄養のバランスは給食でとれるから大丈夫！」。

確かに！

それに加えて、野菜不足が心配な時は「ほうれん草とトマト、冬はみかんを食べていれば大丈夫」だと思っています（※個人の見解です）。

そういえば子供が保育園に通っていた3歳ぐらいの頃、仕事が忙しくて夕飯はスーパーでお弁当を買ってくることが多かった時期がありました。

いろんな言葉を覚えている時期だったので、よく言葉のクイズをしていました。その中で「お弁当ってなーんだ？」と息子に聞いてみると、「スーパーで売ってるおいしいごちそう」と息子が答えた時にはさすがにヤバイ！　と感じました。あきらかにお弁当の定義が間違っています。その後、あわててお弁当を作って公園へ行ってみたり、運動会などでちょくちょくお弁当を作るようにして、息子の記憶の塗り替えに成功しました。

大変な時は手を抜いても、どこか無理のない範囲で頑張れるところでちょっとだけ頑張って、最終的につじつまを合わせれば大丈夫です！

スーパーのお弁当に歓喜はやばいかも(汗)

ズ ずぼらでもきれいな部屋が好き

これだけずぼらを推奨しておきながら、実は雑誌に載っているようなオシャレな家に憧れています。

でも、元来のずぼらがわざわいしてオシャレな調度品をそろえるのが面倒。**オシャレでなくても心地よい部屋にすることはできないか**と考えた結果、なるべく物を減らしてすっきりした部屋にしようと思いたちました。何しろ、ずぼらはたくさん物があると管理できないし、整理できない。必要最低限の物だけ置けば掃除も簡単です。

掃除が面倒という人は多いと思います。私もその一人。

特に仕事の忙しい時は掃除は後回し。気づいたら1週間以上掃除機をかけていない、なんていうこともありました。

家族がきれい好きではないことが幸いです。夫は視力が0・3ぐらいなのに家の中でメガネをかけていないので、おそらく家の中のホコリとかゴミが見えていないものと思われます。きれいに掃除をしても気づいてくれないのが難点ですが、その代わり多少部屋が汚れていてもうるさく言われないことに感謝しています。

ずぼらにとって部屋の掃除をするのにいちいち掃除機のコンセントをさして抜いて、隣の部屋に掃除機を持っていってまたコンセントをさして、という作業は本当に面倒。そんなわけで思いきってコードレス掃除機にしたら劇的に楽に！　以前は週に1回ぐらいしかかけなかった掃除機をマメにかけるようになりました。コンセントを抜いたりさしたりする労力って1回1回の動作は小さいけれど、実は積もり積もってけっこう大きなストレスになっていたんだなと気づきました。吸引力の強いコードレス掃除機はちょっとお高かったけれど、こんなにストレスから解放されるなら安いものです。

翻訳者仲間で掃除が苦手という人は、掃除を業者に頼んでいるという人もけっこういます。掃除を業者に頼むなんて贅沢！　と思う人もいるかもしれませんが、友人いわく**「掃除している時間分、仕事ができればその分稼げるし決して贅沢ではない」**。確かにそのとおり。ストレスから解放される、掃除する時間を仕事にあてられる、などのメリットを考えたら、立派な必要経費。ラクできるなら多少のお金をかける価値はあると思います。

ズ 家事は健康に害がなければ十分

家事というものは、やろうと思えばどこまでもやれるものだと思いますが（そこまでやったことがないから分からないけど）私は本当に最低限必要な家事しかしていません。物を持たないシンプルな暮らしをする「ミニマリスト」というライフスタイルがありますが、

言ってみれば「家事のミニマリスト」。

と言うと、ただのずぼらがオシャレな響きを帯びてくるような気がしませんか？

布団などマメに干さなくてもけっこう大丈夫。その頻度を言ってしまうときっと引かれると思うので公言しませんが、花粉症の季節は夫が花粉症であることを言い訳に一度も干さないとだけ言っておきましょう。それでも健康に害は及びません！

掃除機の細い吸い込み口は3カ月に1回使えば大丈夫です。とりあえず目につくところだけ、さっと掃除機をかければとりあえず快適な部屋は保てます。

コードや子供のおもちゃなど、こまごました物は、とりあえずなんでも箱に放り込むときれいに見えます。

洗濯も、いつもカゴの中をよく見もしないでドバっと洗濯機に入れてしまうので、息子が小さい頃は紙オムツを一緒に洗ってホースが詰まってしまったり、夫のシャツのポケットに入っているタバコに気づかずに洗濯物がタバコまみれになって洗い直したりと、たびたび悲劇に見舞われてきました。

先日は、洗濯が終わって、いつものように洗濯機を開けて洗濯物をとりだそうとすると、服の中にまぎれてなんだかゴツいものが手に触れました。見てみると息子の上履き。あとで洗おうと思って洗濯カゴに入れておいたのをそのまま丸洗いしてしまったもよう。でもけっこうきれいになっていたので、「うん、これもアリかもしれない!」と思ったものです。

こんなずぼらな主婦でも、家族はみんな元気だし、子供も丈夫です。

むしろ、適度な汚れで免疫がついて体が丈夫になったのかも?!

どれぐらい家事をやるかなんていうのは、ほとんど主婦の趣味みたいなものなので、できる範囲でやればそれでいいんじゃないでしょうか。

ズ 家事より大事なことがある

基本的に家事は自由裁量。いくらでも手を抜けます。

家をピカピカにするとか、毎日手作りの料理を出すとか、もちろんできればそれに越したことはないけれど、特に働く母は圧倒的に時間が足りません。体はひとつしかないし、どうしても優先順位をつけることになります。そうすると、**家事よりも大事なことの方が圧倒的に多い**。子供とか、仕事とか、自分の趣味とか。

「主婦なのに家事よりも自分の趣味を優先させるとはなにごとか！」というお叱りを受けそうですが、趣味に没頭することで心が穏やかになれば、家族にも優しくできるし、「いろいろ頑張ろう！」という気持ちになれるので、仕事面にも家庭にも良い影響を及ぼすでしょう。

自分が幸せでなければ周りの人を幸せにするなんてできません！

前にも書きましたが、私の基本的な優先順位は、家族＞仕事＞家事。子供が何か話したそうにしていたら、家事は放り出しても、なるべく手を休め子供の話は聞くようにしています。

そして「今日は子供とのんびりしたい」と思った時は迷わず夕食は手を抜く！

私の大好きな漫画、西原理恵子の「毎日かあさん」の中に、とても印象的な話がありました。お子さんの小さい頃の思い出の夢を見て思ったことだそうです。

家事なんかしなきゃよかった
家なんてもっと汚くてよかった
洗たく物もためちゃえばよかった
食事なんか手作りすることなかった
あんなに抱っこしてほしがったのに
もったいないことしちゃったなあ

引用：西原理恵子『毎日かあさん13 かしまし婆母娘編』（毎日新聞出版）

特に子供が小さい頃は、夕食の支度をしている時などに「おかあさん、おかあさん」とまとわりついてきて、「今、忙しいから待って！」ということ、よくありますよね。

でも、話を聞いてほしい時に聞いてもらえないって、大人でも寂しくないですか？

私はよく、**「自分が息子の立場だったら、こういう時どう思うだろう？」**と想像してみます。そうすると、何かを話したそうにしている時は家事なんかよりも息子の話を聞く方が大事。夕食の支度で肉じゃがを作ろうと思っていた時に息子に話しかけられ、話を聞いているうちに支度が面倒になって急きょカレーにメニューを変更したこともあります。

もちろん、「ヒマなんだけどどうしたらいい？」という、しょうもない発言とか、私には全然分からないゲームの話をしてくる時など、くだらない話の時は家事優先（笑）。何かがあって話したそうな時、甘えたそうな時など、ここぞという時は家事なんて放りだしても全然困りません。

この漫画に共感はするけれど、息子が小さい頃のことを思いだしてもこの点においてまったく悔いはありません。手首が腱鞘炎になるほどさんざん抱っこしてきたし、そもそも皆様ご存じのとおり、家事をそんなにちゃんとやってないですから。

家事より子供
今だけの大事な時間

ズ 家事のポテンシャルは人それぞれ

自分が母親になってから、自分が子供時代に母親がしてくれたことをよく思いだします。私の母親は専業主婦で、今の自分と比べると家事はものすごくきちんとやっていました。昔はそれが普通だと思っていましたが、今の私のずぼら家事と比べると神のようです。

翌日までお皿が流しに置きっぱなしになっていることは一度もなかったし、毎日父親の靴をきれいに磨いていた母の姿を覚えています。おやつに手作りのパンやケーキが出てくることもよくあったし、夕飯にエビフライが当たり前のように出てきていました。

それに比べて自分は、夕飯の時に晩酌するとお皿洗いが面倒になって翌日まで流しにほったらかすこともあるし、夫の靴は時々思い出したように磨くだけ。

エビフライなんて面倒なので家で作ったことがありません。今になって初めて母親の偉大さに気づきました。

子供の頃に食べた母の手作りパンや、夕飯に出てきた揚げたてのエビフライがものすごくおいしかったのをいまだに覚えています。

しかし、日ごろ私の手抜き料理ばっかり食べている息子は「母親の味」という認識はあるのか？　と少々不安になりました。先日、ちょうどテレビで「あなたにとっておふくろの味は何？」というアンケートをやっていたのを一緒に見ていたので息子に聞いてみると、「カレー」と答えました。「カレーっていっても使ってるのは市販のルーだし…」と不満に思っていると、回答のベスト3に見事にカレーが入っていて安心しました。

私の家事能力からいっても生活のスタイルからいっても、母と同じにはとてもできそうにありません。それを息子に申し訳なく思うこともありましたが、その代わりに一緒に遊ぶとか、いろんなところに連れていくとか自分の得意なことを発揮すればいいのだ！　と割りきることにしました。

お母さんは、家族にごはんを用意して、健康でいられる程度の清潔さを保っていればそれで十分じゃないでしょうか。

ズ お金は天下の回りもの、と思う

以前、雑誌に「お金の貯まらないダメ家庭のパターン」みたいな特集が載っていて、我が家がチェック項目の多くに当てはまることに愕然としました。家計簿をつけない、支出額をきちんと把握していない、水筒を持参せずすぐに外でペットボトルを買う、外食が多い、などなど…。

我が家は、私が数字に壊滅的に弱いこともあって家計簿というものをつけていません。一時期つけていたこともあるんですが、用途と金額を書くだけで、**見直したり反省したりしないので不毛な気がしてやめてしまいました。**

夫婦ともに金銭的にはずぼらな家ですが、それでもたまに「なかなかお金貯まらないよね〜、なんとかしないと」とは言うものの、**実はあんまり反省していません。**

「そろそろ財布の紐を締めないと」と言いながら、週末には第三のビールではなく普通のビールを買ってしまったり、疲れた時は家のお風呂ではなく近所の温泉に行ったりと、ちょくちょくスケールの小さい贅沢をしています。

うちは私も夫もあまり物欲がありません。洋服が欲しいとか、バッグが欲しいと思う時は、着られる服や使えるバッグがなくなったからという理由で、必要に迫られて買い物をすることが多いです。ただ、旅行とかレジャーとか、目に見えない体験にはけっこう迷いなくお金を使います。外食や旅行にかかるお金は**「家族が楽しく過ごすプライスレスな時間の必要経費」**と思っています。こんなだから貯金ができないんでしょうね。

もちろん、子供の教育費とか将来必要になる分の貯金は必要ですが、あんまり貯金には重きを置いていません。

特に私はフリーランスという労働形態ゆえ、仕事をすればしただけお金が入ってくるので（その代わり、仕事しなければ一銭も入ってこないしボーナスも退職金もありませんが）、支出が多いなら働いて稼げばいい！という認識で、節約という概念はありません。使うために働く！というラテン系方式です。

よく主婦系の雑誌に節約術というのが載っていますが、

節約って本当に役に立ってる？　といつも思います。

安い店を回って特売品をゲットしたとしてもその分、時間と労力を失っているわけだし、安く買えるといっても日用品や食品なら50円引き、100円引きの世界でたかが知れています。近くの店で買い物を全部済ませることができれば、その分の時間と労力を買い物以外のところにかけられます。まさに時は金なり。それにお金を使った方が経済も活性化しますしね。

「お金はエネルギーなので、楽しい気分で気持ちよく使っているとうまく回る」という話を聞いたことがあります。それを考えると、家族で楽しい時間を過ごすための外食や旅行はまさに正しいお金の使い道！

お金の管理が苦手な主婦の皆さん、落ち込むことはありません。節約が苦手

なら、お金の使い方を研究しましょう！（※節約を否定するものではありません。個人の見解です）

6章

もっと
ずぼらに!
ずぼら力を
鍛えよう

第六章　もっとずぼらに！ずぼら力を鍛えよう

ずぼら道を究めるには図太くなるというか、たくましくなることが大事です。必要以上に人の顔色をうかがったり、他の人と自分を比べたり、自分の考えがブレたりしては周りに流されて疲れ果ててしまいます。つまり「自分をしっかり持つ」ということが大事。

しかし、このさじ加減が実は難しいところです。ずぼら力とは、ただ何も考えないでサボったり好き勝手をやることではありません。家がゴミ屋敷になるほどずぼらだと家庭崩壊を招くし、ただ本能のおもむくまま自分勝手に行動していたら単なる迷惑な人になってしまいます。

自分も周りの人もハッピーになれる、ほどよいずぼらになるためには「自分をしっかり保ちつつ周りに配慮できるさじ加減」が大事。それをうまくできるようになるには日常でのちょっとした訓練が必要です。そのポイントと私が実践した訓練の内容を紹介します。

ズ 羞恥心を捨てる

ベストセラー作家の石田久二さんの講演会に行った時に、「いかなる場合においても、照れや羞恥心が役に立つことはない！」という言葉を聞いて妙に納得し、それ以来「自分も変わらねば」と思い始めました。日常生活でも、恥ずかしいから周りの人に話しかけられなくて寂しい思いをするとか、仕事でも、「こんなこと聞いたらクライアントさんに無能だと思われるんじゃないか」と、躊躇して自己判断でやった結果失敗したり、**「恥ずかしい」という感情は行動を制限するだけで、確かにロクなことはない**ですよね。

自分はなぜか昔から人一倍「恥ずかしい」という感情が強いんですが、最近は特に意識してそれを克服しようとしています。

最初はフェイスブックでブログをシェアするのも「みんなに見られたら恥ずかしい」と思っていましたが、思いきってみんなに公開。やってみるとそれほど恥ずかしくもないし、いろんな方からコメントやいいねをもらえたりして、むしろうれしいことの方が多かったりします。顔出し写真にも抵抗があったのですが、思いきって出してみたら意外と平気だし、特に困ることもありません。

困ったことに、息子もよく「恥ずかしい」と言うんですよね。

「図工の時間がイヤだ」というので理由を聞くと、「みんなに絵がヘタだと思われたら恥ずかしい」とのこと。絵なんて好きに描けばいいし、ちっとも恥ずかしくない！　と言いましたが、「ああ〜、私に似ちゃったのかな？」と少々申し訳なく思ってみたりします。

そこで自分の中で**「羞恥心克服キャンペーン」**をすることに決め、まずは「即興で踊る」というのをやってみました。といってもいきなり駅前の広場で踊りだしたわけでなく、フラメンコ教室のブレリアクラスというものに参加して、赤っ恥をかいてきました。

ブレリアとは、スペインのパーティーの時などに即興で踊られる曲なのですが、今まで決められた振付で踊ったことはあったものの即興で踊った経験など皆無。それなのにいきなりみんなの前で一人で踊らされて頭の中が真っ白になり、とっさにかなり珍妙な踊りを披露してしまいました…。周りが気心の知れた仲間だったら「その踊りヘン〜」とか笑いとばしてくれるでしょうが、入ったばかりの教室で、まだクラスにも馴染んでいなかったので、ただただその場を微妙な空気にしただけ。

でも考えようによっては貴重な経験です。
「珍妙な踊りを披露して場の空気を凍らす」なんて恥ずかしさ度数でいったらけっこうハイレベルじゃないでしょうか。

この恥ずかしさを一度経験すればこの先怖いものはないような気がします。

そしてとにかく上達するには恥をかきまくって場数を踏むしかない！　と開きなおることができました。

それからもそのクラスに通いつづけていますが、なかなか上達できなくて相変わらず珍妙な踊りであることに変わりありません。しかし最近、「あれ？　前ほど恥ずかしくない！」と気づきました。恥ずかしさの濃度が薄くなっている感じ。まだ羞恥心を捨てるとまではいきませんが、だいぶ恥ずかしさに慣れてきたようです。

そして羞恥心を捨てるキャンペーン第2弾として実践したのが、ヒョウ柄の靴を履くこと。

実は私はヒョウ柄の衣装でおなじみのピコ太郎のファン。一昨年の夏に音楽フェスに出演するというので仲間と応援に行くことになりました。応援するからにはまずは形から！　というわけでヒョウ柄の靴を購入。しかし、ヒョウ柄なんて生まれてこのかた身に着けたことがないので正直言ってちょっと抵抗が……。

しかし、「このヒョウ柄を履くと恥ずかしい」という概念も不要な羞恥心ではないかと気づき、普段から履いてみることにしました。ドキドキしながら息子のサッカーの練習の時に履いていくと、意外にも周りのママたちにも「その靴いいね、どこで買ったの？」と好評。それにヒョウ柄を履いているとなんだか力が湧く気がしました。野生のパワーなんでしょうかね？　何度か履いていると別に恥ずかしくもなくなるし、この靴にはどんな服が似合うかを考えるのも楽しい。羞恥心を捨てると人生楽しくなりそうです。

歌がニガテな人はあえて人前で歌ってみるとか、服を買う時につい黒や茶などの無難な色を選んでしまう人はあえて赤とかピンクとかのカラフルな色を着てみるのもいいかもしれません。「そんなこと恥ずかしくてできない！」ということをあえてやってみると今までにない発見がありますよ。

ズ 無理だと思うことをやってみる

最近は次々に**「自分には絶対無理！」**と思っていたことをやってみています。結局、「無理」と決めているのは自分なんですよね。やってみると意外とすんなりできちゃったり、むしろ楽しかったりして「なんで今まで無理だと思ってたんだろう？」と疑問に思うことすらあります。

例えば私の場合、ママ友づきあいは苦手と思いこんでいましたが、ＰＴＡ役員にサッカーチーム、挙句の果てにママさんバレーまで、ママ・コミュニティにどっぷり浸かっている今日この頃。意外と楽しんでいる自分がいたりします。その他、「なんだか苦手」と思いこんでいたツイッターも、いざ始めてみるとその面白さにビックリしたりと、

「やってみると意外と楽しいこと」ってけっこう世の中に溢れているもの。

そんなチャレンジの後押しをしてくれる映画にめぐりあいました。それは**ジム・キャリーが主演する映画「イエスマン」**。これもツイッターで「面白い映画だ」という感想を見たのがきっかけです。気になったので検索してみると、動画配信サービスのネットフリックスで見られることが分かったので、早速鑑賞してみました。

「ノー」が口癖の後ろ向きな男が、人生を変えようと自己啓発セミナーに行ったのをきっかけに、どんなことにも「イエス」と言うようにしたことから人生が好転するというお話。「自分もやってみようかな」と思いましたが、これをやってたら仕事はパツンパツンになっちゃうし、体がいくつあっても足りません…。でも、この姿勢は学びたいものです。１００％は無理だけど、80％ぐらいはイエス！　と言えるフットワークの軽い人間になりたいものです。

ズ できないという思い込みを捨てる

特に子育て中は、「子供がいるからできない」と思ってあきらめていることとってけっこう多いと思います。本当はやりたい趣味があるのに、とか取りたい資格があるのに子育てで忙しくて時間がない、とか。私もずっと**「子育て中はいろいろとガマンするのが当たり前なのだ」**と思っていました。

よく、「子育てが終わったら勉強や趣味なんていくらでもできるじゃないか」と言う人がいますが、**「今」だからやりたい**ことってあるじゃないですか。子育てが落ち着いた10年、20年後にまだそれをやりたいという気持ちがあるかどうかも分からないし、やれる環境にあるかどうかも分からない。今あるその「やりたい」っていう気持ちはすごく大事だと思うんです。

だから、「ほんっとう～にできない？」と、今一度疑ってみてはどうでしょう？

意外とよーく考えるとできる方法ってあるかもしれません。

例えば資格を取る勉強は、子供が寝ている間や、家事や育児の間のすき間時間を利用して毎日少しずつ勉強できるでしょう。私も出産後2カ月で仕事に復帰した時は、子供が昼寝している間にガーっと仕事したり、授乳しながらパソコンに向かって仕事していたりもしました（笑）。

やりたい趣味があったら、その間、少しだけ子供を預けるとか、または一緒に連れて行っちゃうとか、**すぐに「無理」とあきらめる前に本当に無理かと疑ってみる**。

そういえばかつて1年間ほど、神奈川から栃木のフラメンコ教室に毎週通い続けていました。もともと栃木に住んでいて、その時に通っていた教室なのですが、神奈川に引っ越しすることになりました。普通なら引っ越しが決まった時点で「通えない」と判断するでしょう。なにしろ片道3時間半だし、私も当然のように辞めると思っていました。

しかし、友達の「通っちゃいなよ」のひとことで、「待てよ、本当に無理かな？」と考え直し、「やればできないことないかも」と思い始めました。そしてまずは夫に相談。「絶対に反対されるだろうな…」と思っていたのに意外にも「やってみれば」との返事。そして先生に続けることを伝えると、通いやすいようにレッスン時間をずらしてくださったり、友達が毎週駅まで車で迎えに来てくれたり、周りの人たちが快く協力してくれ、通いつづけることができました。

この話をすると、9割の人には「よくやるよね」とあきれられましたが、私にとっては自分の意識がガラっと変わる貴重な1年間でした。思いきって栃木まで通うということをしたおかげで、

「自分が無理だと思ってることとって、意外と無理じゃないかも?!」と思えるようになりました。まさに心のブロックが外れた感じです。

「絶対にやりたい!」と願い、知恵を絞ればけっこう解決策は出てくるものです。でも、いくら考えてもどうにもならない時って確かにありますよね。そういう時は、きっとその時やるべきことではないのでしょう。さんざん知恵を絞って、それでもどうしても無理ならあきらめもつきます。そこは執着しないずぼら力が大事です。

ズ 罪悪感を捨てる

「頼れる人には頼る」とか「休める時は休む」と決めて実行する時に、どこからともなく湧いてくるのが**「罪悪感」**。「お願いしちゃって申し訳ない」とか、「自分だけが休んでていいのかな」とか。この罪悪感というやつはけっこう人の心を消耗させます。でも、そんなことを気にしているのは意外と自分だけだったりするんですよね。

息子の所属するサッカーチームでは試合のたびにコーチに飲み物を出したり、子供たちの世話をする当番があるんですが、私の仕事が忙しくて2カ月ほどまったく参加できないことがありました。

その頃の私は、「いつも当番をやってくれる他のお母さんたちに申し訳ない」と、罪悪感に押しつぶされそうになっていました。しかし、その気持ちを他のお母さんたちに話し、「本当にゴメン！」と言うと、笑いながら「そんなに気にしなくていいよ！　やれる人がやればいいんだから」と言ってくれて心底ほっとしました。

私が勝手に罪悪感を持っていただけで、周りの人は意外となんにも気にしていなかったんですね。

確かにもし逆の立場だったら、私も同じことを言ったでしょう。

ただし、まったく協力する気がないとか、誠意が見えない場合はまた別。そういう人たちは**ママ社会ではボコボコにされます**。いや、ほんとにボコボコにされるわけではないですが、確実に生きづらくなります。周りに気遣いできないのはずぼらではなくただの自己中かつ無神経です。

自分も周りの人もいつも気持ち良く過ごせるのがベストですよね。できる時にはできることをする。それさえ守れば、忙しい時に無理をして疲れたり、妙な罪悪感を持って心をすり減らしたりする必要はありません。

実際はすべてうまくいっているのに、自分で勝手に罪悪感を持って苦しむのはムダな労力。

細かいことは気にしないずぼら力が大事です。

罪悪感なんて気にしないで
お互い様でちゃんとうまくいく

ズ 年齢を気にしないでチャレンジする

私の嫌いな言葉のひとつは**「もうトシだから」**。

「もうトシだから」というのは単なる言い訳であって、それでいろいろなことにチャレンジしないのはここで推奨する**「ずぼら」**ではなくただの**「怠慢」**です！

もうこれは使い古された言葉だと思いますが、本当にそのとおりだと思うので言わせてください。「やりたいことを始めるのに、年齢なんて関係ない！」

年齢制限のあるアイドルオーディションとかだったらまあ、関係があると思いますが、何か勉強を始めるとか趣味を始めるとかだったらまったく関係ありませんよね。

そもそも普段は自分が何歳かなんて意識しません。何か書類に年齢を記入する時ぐらいでしょうか。あとは「50歳以上は割引」とかそういう時。

私も40歳を超えたあたりから「私の年齢、45だっけ？　46だっけ？」となることもしばしば。けっして若年性ナントカではなく、

ふだん自分の年齢に対して無頓着だからかもしれません。

昔から年を取ることに対して何の抵抗もないんですよね。若い頃ちやほやされたことがないからかもしれないけど（書いていてちょっと悲しい…）。

年齢を聞かれても「いくつだと思います～？」なんてもったいぶった返しをするのもめんどくさいほど、年齢なんてどうでもいいと思っているので、聞かれれば素直に「48歳です」と答えます。年齢を言うのなんて全然恥ずかしくありません。だって誰でも年を取るなんて当たり前ですからね。

だいたい、何歳かなんてわざわざ言わなきゃ分かりません。年齢を書いた看板を首からぶら下げてるわけじゃないし。そして日常生活のほとんどの部分では年齢なんて関係ないでしょう。

結局、「もうトシだから」と思うか、「まだまだイケる」と思うかは人それぞれが決めること。「もうトシだから」と思う人は、そう思った時点で、その人は「トシ」なんでしょうね。「まだまだイケる」と思う人はまだまだイケます！

ずぼらを極める真の「ズボラー」とは、

「よくやるよねえ」なんていう周りの声はまったく気にせず、「できるかな」なんていう不安も感じず、

ずうずうしく自分のやりたいことに

突きすすむ人のことです。

確かに年を取ると肌のハリもなくなってくるし、疲れはとれないし、風邪の治りも遅いし、物忘れもするし、睡眠不足が体にこたえますが、若い頃みたいに無理をしなければいいだけの話だし、まだまだ鍛え方次第では動けます。

それに年齢を重ねれば重ねるほど経験値も上がるし、人とのつきあい方や、世の中こんなもんだというようなことが分かってくる。若い頃はなんだかいろんなことで悩んでいた覚えがあるけれど、**年とともにずぼら力を身につけていったおかげで悩みから解放されて、だんだんラクに生きられるようになってきました。**

ますます人生楽しくなる予感しかしません。これから自分がどうなっていくのかますます楽しみです。

ズ

ぼーっとしてもいい

私は割と根がドMで、たまに頑張りすぎてしまうことがあります。ずぼらだけどドMという（笑）。

しかし、そんなやる気モードに疲れて、ぼーっとしていることもよくあります。特に忙しい仕事が一段落した時は、何もしたくなくて廃人状態になっています。ほぼ徹夜で納品が終わったあとは夕飯の献立を考える気力もないどころか、ソファに座り込んで立ちあがれなくなっていることもあります。

ぼーっとしているとなんとなく時間をムダにしているような感じがしますが、実はそうではないとネット版「日経サイエンス」の記事に書いてありました。

ぼーっとしてる時、
なんと20倍の力で脳はフル回転しているそうなのです。

自動車が停止してもいつでも発進できるようエンジンを切らないでおくのと同じように、これから起こる出来事に備えるため、いろいろな脳領域の活動を統括しているのだそう。

確かに、仕事で訳文を考えるのに行きづまった時、お風呂に入ってぼーっとしている時に突然、ぴったりな訳がひらめいたりします。ぼーっとしている間に脳が自分でどこかから適切な訳を引っ張りだしてきてくれるんでしょうか。よく仕事が忙しい時に、「小人が出てきて仕事やってくれないかなー」と思うんですが、あながち小人の話も夢物語じゃないんですね！

その記事によれば、**「意識をさまよわせておくことが創造的な思考にとって重要で、アイデアの〝ふ化期間〟になる」**そうです。

人はみんな、もっと堂々とぼーっとしていいんですね。

そういえば日々忙しさに追われていると、日常生活の範囲内でしかものごとを考えられなくなってしまいます。でも、ぼーっとしてる時にこそ、これからやりたいこととか、問題解決につながるアイデアが湧いてきたりするものです。ズボラーの皆さん、心ゆくまでぼーっとしましょう！

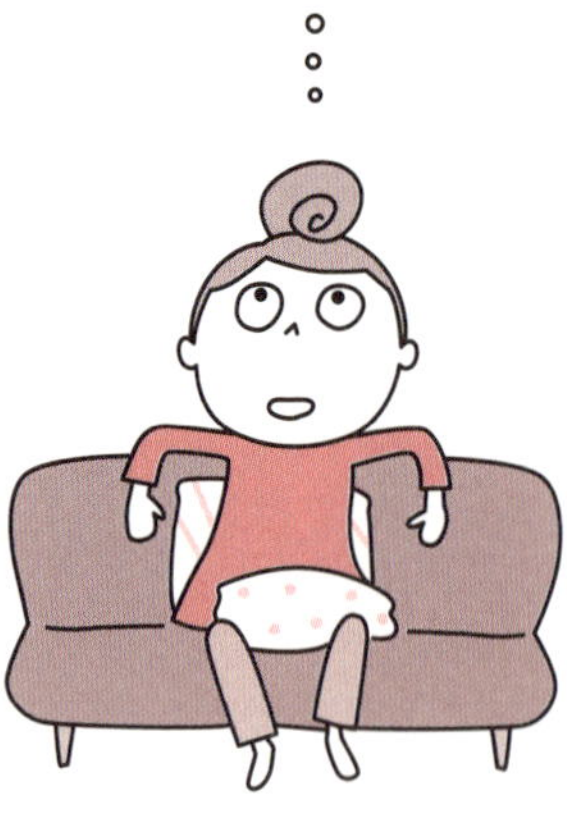

ズ 自然の中に身を置いてみる

我が家は家族で年に何回かキャンプに行くのですが、キャンプは最高のずぼら修行。

今でこそ大きめテントやバーベキューコンロ、キャンプ用のテーブルや椅子などを買いそろえていますが、まだキャンプに行きはじめた数年前はテーブルと椅子すらなくて地べたにレジャーシートを敷いてご飯を食べていました。するとどこからともなくアリがわらわらと寄ってきて、アリと戦いながら食事をするハメになりました。

ここまで極端な例ではなくとも、バーベキューをやっていると、燃えている薪から舞いあがった灰が食材に降りかかってきたり、虫が寄ってきたりと、**「いやだー、きたなーい」**などといちいち気にしていてはやっていられないシチュエーションが多々あります。

多少灰のついた肉を食べようが、下に落としてしまった野菜をカレーに入れようが、今までキャンプでお腹を壊したことは一度もありません。けっこう人間って丈夫にできているんだな、とキャンプのたびに再認識します。

そうなんです、人間はずぼらに生きていても
そんなに簡単に壊れないものなんです。

自然の中にいると、普段は思いもつかないようなことを考えたりします。時間に追われた日常生活にどっぷり浸かっていると、やっぱり視野が狭くなるんでしょうね。

ありがちかもしれませんが、海とか山とかを見ていると細かいことが本当にどうでもよくなります。人間は自然の一部という証拠かもしれませんね。生きるって本来はもっとシンプル。こだわりとか罪悪感とか嫉妬とかよけいなものを背負ってるのは人間だけ。そんなものなくたって自然は生きているのに…なんて壮大なことを考えちゃったりするのも自然の効果かもしれません。

どこかに行く時間がない！　という人は空を見上げるだけでもいいと思います。

きれいな夕焼け空や、青い空に浮かぶ雲、夜空の星を見ていると、ＰＴＡとかで悩んでいるのがばからしくなることでしょう。

ズ 占いは良いことだけ信じる

皆さんは占いって信じますか？　私は良いこと限定で信じます。

今から数年前、息子が七五三で衣装のレンタルと写真撮影の予約をする時、いろいろと都合が合わず、ようやく「この日にしよう！」と決めて申しこんだところ、「仏滅ですが大丈夫ですか？」とお店の人に言われました。一瞬ひるんだものの、夫婦そろって**「別に大丈夫です」**と即答しました。

思えば私たちの結婚式も仏滅でした。

一番都合のいい日にちがたまたま仏滅で、それでわざわざ日にちを変えるのもシャクだし、しかも仏滅割引というものがあったので「別にいいよね」と意見が一致し、その時も「仏滅でもいいです」と即答しました。あれからもうすぐ10年、特に大きな問題もなく、概ね平和に暮らしているので、

仏滅に結婚式やっても大丈夫ですよー！
と世間に向かって叫びたいです。

こういうことってなんだか気にしたら負けのような気がするんですよね。気

にしなければ何の影響もないですが、気にした時点で、何か影響が及びそう。ただの砂糖でも「これは効く」と思って飲むと本当に効いちゃうプラセボ効果みたいなもんでしょうか。

とはいえ、全然気にならないといったらウソになるので、神社のサイトでちょっと調べてみたところ、**「お参りとかお祭りをする際に、六曜（仏滅とか大安など）は何ら関係がない」**とのことです。しかも、仏滅といわれると名前は仏教っぽいですが、仏教とも関係がないとのこと。六曜というのは人間が勝手に決めたもので、神様や仏様は次元が違うので影響はないそうです。さすが神様、懐が深い！

「気にしない」というのは正解だったようです。

そんなわけで、占いなども良いことだけを信じようとしていますが、私もそれほど気の強い人間ではないので、ちまちま気にしてしまうこともあり、朝の「めざましテレビ」でやっている星座占いランキングにはけっこう一喜一憂してしまいます。1日の調子が悪いと「今日のさそり座は12位だったしな〜」と思っちゃったり。「占いのランキングは上位3位だけ発表してくれればいいのに」とひそかに思っています。

なにげに一喜一憂

ズ 無理するのをやめる

「人に頼まれて断れずに無理して仕事を引きうけてしまう」ということ、よくありますよね。私も以前は断るのが本当にニガテで、「ちょっと無理すれば引きうけられるかな」ということはたいてい引きうけていました。

翻訳の仕事の打診があった時も、「ちょっと無理すればいけるかな」という感じでも受けていました。でもそれは順調な場合を想定しているので、子供が熱を出したとか何かイレギュラーなことがあって思ったとおりに仕事が進まなかった場合、とんでもなく追いつめられて寝不足が続いて死にそうになることが多々ありました。

子供のサッカーの当番なんかも、仕事が忙しいのに引きうけて、徹夜で終わらせてから試合にかけつけるなんてことをしていました。フリーランスというのは仕事の時間を自分で調整できるので、子供が急に熱を出しても誰にも気兼ねなくお迎えに行けるとか、平日の授業参観にも行けるなど、自由に時間が使えるのがメリットです。

でも、時間が自由になる分、例えば役員の仕事で「平日、誰かこの仕事できる人?」なんていう時にいい顔をして「私、できます」なんてうっかり必要以上に引きうけてしまったりすることもありました。

仕事を断れないのも当番を断れないのも、今思えばすべて**「人によく思われたい」**からなんですよね。でも、もうそういう無理をするのをいっさいやめてみました。もちろん、無理をしなくても力になれるところは協力しますが、少しでも「ちょっとキビシイな」という気持ちが湧いた時点で**「できません」**と言うことにしました。その結果は…

別に何の支障もないんですよね。

自分が断っても、誰かしら他の人がその仕事を引きうけてくれたり、どうにかなるものです。文句を言われたこともないし。

やれる時にちゃんとやっていれば「これ以上やりようがないし！」と開きなおることができるし、陰で何か言われていたとしても、それは気づかないので言われてないのと同じことです！　本当に、「あんなに無理していたのは何だったのか?!」と思います。

しかし、「人のことは構わず自分だけラクしよう」なんて気を起こすと、やっぱりどこか良心が痛むんでしょうね、どうしても罪悪感が消えなかったり、人間関係がぎくしゃくしたりしてうまくいかなくなります。世の中うまくできたものですね。

ズ ムダだけどやりたいことをやってみる

仕事にするわけでもない、お金になるわけでもない、周りの人から**「それやって何になるの？」**ということ、だけどどうしてもやりたいことってありませんか？　だいたい趣味ってそういうものだと思います。釣りにしても、釣った魚を食料にするわけじゃないし（漁師さんは別ですが）、編み物をしなくてもセーターなら普通にお店に売っています。でも、どうしてもやりたくなる。

私の場合はもう15年以上続けているフラメンコです。「15年も続けている」というと「相当踊れるんでしょ？」と言われるので、**自称「フラメンコ歴８年」**ということにしています。

週に一度のレッスンを続けているだけではなく、ちょくちょくスタジオを借りて一人で自主練もしたりしています。特にステージに立つ予定があるわけでもなく、ただひとりでこもって踊ってるだけ。しかもはっきり言って決して上手とは言えない。不器用だし、表現力もないし、どうしてこんなに頑張っているのか自分でもよく分かりません。

スピリチュアルの本などに「どうしてもやりたいことは使命」とか「前世でやり残したこと」とよく書いてありますが、これからプロの踊り手になるなんてことは200％ないし、このヘタクソな私が、踊る使命を背負っているとも思えません。

でも楽しいし、踊っていると元気になる。**「だから良いのだ！」**という結論に達しました。きっと、やっている意味なんてなくていいんでしょう。だって楽しいんだから。それで理由は十分！

一見、何の役にも立たない非生産的に見えることでも、それで気分が良くなって仕事とか家事とか育児とかをやる気になれるなら、それはもう生産的といっていいのでは？　いや、別に家事や仕事をやる気にならなくても、人生が楽しくなるのなら、それはすごく意味のあることです。周りに時間とお金のムダだと言われようが、自分のやりたいことをやっちゃいましょう!

ズ 一定期間、徹底的にやりたいことだけしかやらない期間を設ける

「やりたいことをやって生きる」と決めても、今までやってきた習慣をいきなり変えるのは難しいかもしれません。そんな時は、とりあえず1カ月でも1週間でもいい、やりたいことしかやらない期間を設けてみるのはどうでしょう?

この期間は、とにかくやりたいことしかやらない。
会いたい人にしか会わない。

「どうしてもやらなければいけない仕事だけどやりたくない時は？」と思われるかもしれません。そういう時は、**「ずぼらスイッチ」**をオンにして気持ちを切りかえましょう。

どんなに「自分の気持ちを大事にして生きる」と言っても、この社会で生活している限り、「どうしてもやらなければいけないこと」というのはありますよね。やらないと周りに迷惑をかけてしまう場合など、選択の余地がない時は「やる」と決めたうえで、自分をどれだけ自由にするかを考えます。しかし、選択の余地がある場合は、

気の乗らない会合には出ない。
やりたくないことはやらない。

やりたいこと、やった方がいいと思うことは「私なんかがやっていいのかな」

とか「嫌われちゃったりしないかな」とか躊躇せずに、とにかくやる！

そんなことを3カ月ほどやってみた結果、ものすごく気持ちが軽くなりました。気乗りしない仕事を断ったり、何かの集まりでさっさと一人だけ帰ったり、誘いを断ったりしても特に何の影響もありません。「人づきあいの悪い人だと思われないかな」と、怖くて断われない性格でしたが、

断ったって何が起きることもない。

同じ人からの誘いを何度も断っているとそのうち誘われなくなるでしょうが、そういう人はもう今の自分にはご縁がないんでしょうね。断る手間が省けてそれはそれで結果オーライ。

「言いたいことを言う！」と決めて、それを仕事にも生かしてみました。

いつも相場より安い金額で仕事の打診をしてくるクライアントさんがいたの

ですが、勇気を出して初めてはっきりと翻訳料を理由に仕事を断ってみました。

今までは「ちょっと安いな」と思っても、「経験のため」と普通に引きうけていて、あまりにも安い仕事の場合は「スケジュールがちょっと～」とかなんとか濁してやんわりとお断わりしていました。しかし、はっきりと「その金額では引きうけられません」と言ってみました。（もちろん言い方は丁寧にしてありますよ）今までは普通に引きうけていたのに急にそんなことを言いだして「天狗になってんじゃねー」とか思われたかもしれません。

そのクライアントさんからはそれからぷっつり音沙汰がなくなってしまいました。「でも、これで途切れるご縁ならしょうがない。コツコツとまじめに仕事を続けていれば、きっとそれ相応のご縁があるはず！　と信じていたら、スケジュールが空いた分、**もっと条件の良いお仕事が舞いこんできました**。「あんなに必死に握りしめていたものは何だったのだろう？」と思います。

やりたいことをやっていると、自分にとって本当に必要なものだけが手元に残るので、とってもスッキリします。基本的にずぼらはごちゃごちゃしたいろんなものをきちんと整理することがニガテ。人生にしても部屋にしても、シンプルならシンプルなほど良いのです。

ズ 誰かに嫉妬してもいい

「人と比べない」とかなんとか言っても、どうしても人がうらやましくなってしまうことはありますよね。人間だもの。でも、そういう時は「私ってどうしてこうなんだろ…」などと自分を責めずに「ま～た、うらやましいとか思ってるよ。しょうがないヤツだなあ、自分」と開きなおりましょう。

つい、人に嫉妬してしまう。そんなところもひっくるめて「いいじゃないか」と自分を認めてあげる。それに、誰かをうらやましいと思うということは、自分もそこにいける力を持っているからだと聞いたことがあります。あまりにも自分とかけ離れた雲の上の存在の人には「嫉妬」という気持ちは湧かないですよね。

嫉妬の気持ちが湧いた時は、あまり深く考えず、「今度は自分がそこへ行けばいいじゃないか」と、いっそのこと嫉妬心を味方につけてしまいましょう。

ずぼらだって嫉妬ぐらいします。
ただ、いつまでも「あの人うらやましいなあ」なんてうじうじ考えているのは単なる時間と労力のムダ使いだし、「嫉妬なんてしちゃいけないんだ！」などと自分を責めるのもただ自分を消耗させるだけ。

その気持ちを受けとめるというか、受け流すずぼらさが必要です。

嫉妬している自分を客観的に見ることで、**「自分はこうなりたいんだな」**という隠れた願望を垣間見ることもできます。また、自分にもできそうなことかどうかを知るバロメーターにもなります。例えば私の場合、どんな人をうらやましいと思うかというと…。
メジャーな映画の翻訳をしている人、ベストセラー作家、洋服のセンスがいい人、オシャレな部屋に住んでいる人などなど。「アイドル歌手」とか、「高級外車に乗っている人」というのは出てきません。私は歌が大のニガテだし、車にはまったく疎いので…。自分が興味のないことはどうでもいいわけですね。

身近なところでうらやましいと思うのは、夫が家事に協力的な人、飲み会などをチャキチャキと仕切れる人、踊りが上手な人、などなど。我が家の夫はほとんど家事をやってくれないので、協力的な旦那さんを持つ人はうらやましいとは思いますが、嫉妬というほどでもない。うちの夫も頼めばやってくれるので、これは頼めばいいだけの話。

チャキチャキと飲み会を仕切れる人はうらやましいと思いますが、これも嫉妬というほどでもない。なぜなら「自分には無理」と知っているから。そして踊りの上手な人に対しても、ものすごく上手なプロの人には嫉妬はみじんも湧いてきませんが、同じ教室の上手な人を見ると嫉妬します。ということは、自分よりもプラス1ぐらい上の能力を持つ人に嫉妬心を抱くわけですね。でもプラス1ぐらいならきっと自分にもできるはず。そう思うと希望が湧いてきますよね。

確かに「こういう自分になりたい」という向上心を持つことは大事です。でもなかなかできないながらも「ま、いっか〜」と思うのがずぼらの奥義。「できないのに頑張ってる自分、十分すごいじゃん！」ぐらいにおおらかに構えること。そして、「いつかはあのポジションに行こう」とゆるく目標設定するのがずぼら流です。

あとがき

本書をお読みいただきありがとうございました。いかがでしたでしょうか?「なんだこの本は! 自分のずぼらっぷりを全力で正当化してるだけじゃないか!」とお叱りを受けるかもしれません。まあ、ある意味そのとおりなんですが(笑)。

この本は、「こうすれば必ずうまく行きます!」というような成功法則の本ではありません。あくまでも、「私がやってうまくいったこと」を「参考になる人の役に立てば」という気持ちで書いたものです。そういうわけで、「何言ってんだ、この人?」と思う部分はスルーしていただければと思います。特に子育てに関する部分について「これは親としてどうなのか!」とか、家事に関する部分で「それでも主婦か!」とかいう批判もナシでお願いします(笑)。

世の中には、「仕事も家庭も両立！」とか「忙しい主婦の時短テク！」とか、主婦に「もっと頑張れ」といわんばかりの情報が溢れています。

そんななかで「もっと頑張らなくちゃ！」というプレッシャーを感じて、疲れ果てている主婦も多いと思います。かつての私もそうでした。この本は、かつての「あれもこれもやらなきゃ！」とあっぷあっぷしていた自分にアドバイスするような気持ちで書きました。


「食事は必ず手作り！」とか「子供にはしっかりとした教育を！」という人もいます。そういうのがまったく苦にならない人もいるでしょう。でも、人間のキャパシティは人それぞれ。周りの情報に踊らされずに自分の限界値を見極めて、「自分が心地よく楽でいられる方法」を取り入れるのがいいんじゃないかと、試行錯誤するなかで悟りました。

世の中の主婦のみなさんが、忙しい日常の合間にちょっと息抜きにこの本を読んで、何か楽になるヒントがあったなら幸いです。

私は昔から本が大好きで、外出してちょっと時間が空くとデパートの洋服を見るより何より真っ先に本屋に行くほどでした。悩んだ時や落ち込んだ時はまず本屋に駆け込み、「何か心を癒してくれる本はないものか！」とその時の自分の心境に合う本を物色したものです。

選ぶ本はエッセイだったり、小説だったり、漫画だったり、いろいろですが、そのつど立ち直るきっかけや問題解決のヒントをもらいました。

今まで数々の本の言葉に助けられてきました。その恩返しという大層なものでもないですが、「いつか自分の書く言葉が誰かの心の励みになれたらいいな」とずっと思っていました。

このたび初めて紙の本を書くという、貴重な機会を与えてくださったＣｌｏｖｅｒ出版の小田編集長に心より感謝いたします。またこの大きな挑戦を快く応援してくれた夫、数々のネタを提供してくれた、そして子育てというかけがえのない経験をさせてくれた息子、本当にありがとう。いや、子育てはきっとこれからが山あり谷ありいろいろあるんだろうけど、これからもよろしく（笑）。そして、特に子供が小さい頃は育児に絶大な協力をしてくれた両親、いつも暖かく見守ってくれてありがとう。また、息子の成長を楽しみにしてくれるお義母さん、ダメな私をいろいろ助けてくれるママ友たち、悩みを聞いてくれる友人たち、ずぼらな私を支えてくれるすべての人に感謝したいです。

この本によって、「ずぼらは決して悪いことではないのだ」という認識が世に広まり、世の主婦の心の負担が少しでも軽くなることを願っています。

三浦 直子

三浦 直子（みうら・なおこ）

1970 年、東京都で生まれ埼玉県で育つ。
大学卒業後、旅行会社に就職→ロンドンに留学→帰国→留学専門の旅行会社に就職→翻訳会社に転職→日本語教師の資格取得→日本語学校に勤務→再び別の翻訳会社に勤務→映像翻訳の学校に通い、フリーランス翻訳者として独立という、迷走の 20 代 30 代を送る。
現在､映像翻訳者になって 10 年。主に海外のドラマや映画の字幕､吹替えの翻訳を手掛けている。

2018 年に、主に子育てと仕事の両立をテーマにしたブログを書籍化した『ママがフリーランスの「映像翻訳者」で稼げるようになるまでの話』（タキビ編集室）を出版。家族は夫と息子と猫 1 匹。

ブログ
男子母＆映像翻訳者のうろうろ日記
https://ameblo.jp/miunaohassy

【参考文献】

ニューズウィーク日本版「1 人の時間が必要な内向型、人と会って元気になる外向型」
https://www.newsweekjapan.jp/stories/world/2017/05/1-40.php

『毎日かあさん 13 かしまし婆母娘編』西原理恵子著（毎日新聞出版）

日経サイエンス「浮かび上がる脳の陰の活動」
http://www.nikkei-science.com/page/magazine/1006/201006_034.html

装丁／冨澤 崇（EBranch）
イラスト／門川洋子
校正協力／大江奈保子・飯野 久
編集／小田実紀
本文design＆DTP ／小田実紀

本書のご注文、内容に関するお問い合わせは
Clover 出版あてにお願い申し上げます。

「ずぼら」ママでも、結局すべてうまくいく!

初版1刷発行● 2019年1月29日

著者

三浦《みうら》 直子《なおこ》

発行者

小田 実紀

発行所

株式会社Clover出版
〒162-0843 東京都新宿区市谷田町3-6 THE GATE ICHIGAYA 10階　Tel.03(6279)1912　Fax.03(6279)1913
http://cloverpub.jp

印刷所

日経印刷株式会社

ISBN978-4-908033-23-0　C0037